D1751854

Amerikas letzte Dampfzüge

STEAM STEEL & STARS

Fotografiert von
O. WINSTON LINK

Amerikas letzte Dampfzüge

STEAM STEEL & STARS

Fotografiert von
O. WINSTON LINK

Text von
TIM HENSLEY
Nachwort von
THOMAS H. GARVER

**W. Tümmels GmbH
BAHN&MODELL**

Meinem Vater und meiner Mutter, Albert Link und Anne Winston Jones Link, gewidmet.

Titel der amerikanischen Originalausgabe:
STEAM, STEEL & STARS
Copyright © 1987 O. Winston Link
Afterword copyright © 1987 Thomas H. Garver
First published 1987 by Harry N. Abrams, Inc., New York

Titel der deutschen Ausgabe:
STEAM, STEEL & STARS – Deutsche Ausgabe
ISBN 3-921590-08-6

Deutsche Übersetzung: Claudia Pflügner, Rudolf Löscher,
Hans-Wolfgang Löscher
Für die freundliche Unterstützung bei der Übersetzung bedanken
wir uns bei Guy R. Driffield, Michael Meinhold, Martin Weltner

Verlag: W. Tümmels Buchdruckerei und Verlag GmbH
BAHN & MODELL
Zeltnerstraße 7
D-8500 Nürnberg 70

Alle Rechte vorbehalten. Nachdruck, auch auszugsweise,
oder sonstige Vervielfältigung bedürfen der schriftlichen
Zustimmung des Verlages.
Copyright der deutschen Übersetzung © 1989
W. Tümmels Buchdruckerei und Verlag GmbH

Druck: W. Tümmels Buchdruckerei und Verlag GmbH
Burgstraße 1–3
D-8500 Nürnberg 1

Vorherige Seite: Kaum zu glauben, aber die Hauptstrecke der Pocahontas Division der N&W teilt das Geschäftsviertel von North Fork, West Virginia, in zwei Hälften. Hier donnert die Y6 Nr. 2197 mit einem Güterzug die Hauptstraße hinunter und läßt Fenster und Türen erzittern. Dies scheint aber niemanden zu kümmern, da mehrmals täglich Züge aus den nahegelegenen Kohleminen durchfahren.

INHALT

7 O. Winston Link trifft auf die Norfolk and Western

23 Diese Eisenbahn ist voller Leben

39 Rauch zieht durch das Tal

81 Schönheit und Urgewalt auf der Radford Division

107 Der stählernen Riesen letzter Atemzug

127 Alles einsteigen in den Virginia Creeper

139 Nachwort: O. Winston Link und seine Arbeitsmethode

An einem kalten Winterabend vor mehr als einem Vierteljahrhundert fand ein sehr erfolgreicher New Yorker Fotograf namens O. Winston Link das nächtliche Unterhaltungsangebot in Staunton, Virginia, nicht sehr anregend. Er arbeitete im Auftrag einer Werbeagentur für eine ortsansässige Firma und nahm sich nach einem arbeitsreichen Tag die Zeit, ins nahegelegene Waynesboro zu fahren. Er wußte, daß durch diesen Ort die Gleise der Norfolk and Western (N&W) führten, seinerzeit die letzte große Bahngesellschaft in den USA, die noch ausschließlich Dampflokomotiven einsetzte.

Der Besuch von örtlichen Eisenbahn-Anlagen war eine Beschäftigung, der er schon in seiner Jugend nachgegangen war, als er vom heimatlichen Brooklyn zum Bahnhof von Jersey City und zum Rangierbahnhof Communipaw fuhr, um das Geschehen auf den dortigen Bahnanlagen zu beobachten. Seiner Leidenschaft für die Eisenbahn gab er sich auch als Erwachsener hin, wann immer er während seiner Aufträge Zeit dazu fand. Link war dem von den Dampflokomotiven ausgehenden Zauber in einem zarten Alter erlegen, als er zum ersten Mal eine hölzerne Spielzeuglok in der Weihnachtsausstellung eines Kaufhauses sah. Nun, es ist tatsächlich etwas Faszinierendes

1
O. Winston Link trifft auf die Norfolk and Western

Links: In einem Spektakel aus Rauch und Dampf verläßt der zweite Teil des südwärts fahrenden „time freight" 95 (Schnellgüterzug mit exakt einzuhaltenden Fahrzeiten) mit Lok 2150 der Reihe Y6 den Bahnhof Waynesboro nach kurzem Aufenthalt. Die Silhouette des Bahnhofsvorstehers F.C. Armentrout ist im Erkerfenster sichtbar.

an einer Dampflokomotive – fast etwas Lebendiges und Persönliches.

Als die sicher ästhetischste Erfindung auf dem Gebiet der Technik, schien die Dampflokomotive eine Seele zu haben. Sie konnte stöhnen und zischen, rasseln und ächzen, stieß leidenschaftliche Laute aus und konnte traurig pfeifen. Sie konnte beim Ziehen schwerer Züge bocken oder aber verzückt schnurren, sobald sie mit einer Geschwindigkeit von mehr als einer Meile pro Minute über die Gleise raste. Dabei konnte sie eine Unzahl von Empfindungen wachrufen: Romantik, Ehrfurcht, Abenteuerlust, Einsamkeit, Macht, Kummer und irgendwie auch Geborgenheit.

In den späten fünfziger Jahren jedoch verschwand die Dampflokomotive rasch aus dem Blickfeld der Amerikaner, ungeachtet ihrer anerkannten Eigenschaften und nach mehr als einem Jahrhundert treuer Dienste, die die Menschen durch ein Netz aus Holz und Stahl verbunden hatten. Seit den ersten erfolgreichen Fahrten einer dieselelektrischen Lokomotive bei der „Central of New Jersey" im Jahre 1925 hatten sich immer mehr Bahngesellschaften dieser zwar wirtschaftlicheren, aber nicht immer effizienteren Traktionsart zugewandt.

In den Jahren nach dem Zweiten Weltkrieg wurde die „Verdieselung", wie die Modernisierung bezeichnet wurde, beschleunigt. In einem letzten Versuch, den rückläufigen Personenverkehr wieder attraktiv zu machen, wurden silbrig glänzende Stromlinienzüge eingeführt. Gleichzeitig neigte sich die große Zeit der amerikanischen Eisenbahn-Gesellschaften ihrem Ende zu, noch bevor Unternehmen wie Penn Central und Rock Island ihr glänzendes Image verloren und ein Bild des Verfalls boten.

1950 wurden bereits mehr als die Hälfte der eingesetzten Lokomotiven von Verbrennungsmotoren angetrieben. Bei Bahnen wie der Missouri-Kansas-Texas, Lehigh Valley, Wabash, Gulf, Mobile and Ohio, Frisco und Missouri Pacific arbeiteten die Dampfloks noch, solange sie dazu fähig waren. 1953 wurde Southern Railway System die größte Linie im Lande, die bereits voll verdieselt war. Andere, wie die Illinois Central, Union Pacific, Nickel Plate Road und Duluth, Missabe and Iron Range hatten es nicht so eilig, ihre Dampfloks zu verschrotten.

Mitte der fünfziger Jahre wurde es jedoch offenkundig, daß die Zeit der Dampflokomotiven schnell zu Ende gehen würde. Sogar die Chesapeake and Ohio, die in erster Linie im Kohletransport tätig war, hatte nur noch einige ihrer von den Lima-Lokomotivwerken gebauten „Super Power"-Loks im Einsatz.

Eine Bahngesellschaft aber hielt länger an der Dampflok fest als alle anderen. Die Norfolk and Western, deren Streckennetz von Virginia bis nach Ohio reichte und die ebenfalls hauptsächlich Kohle transportierte, hatte ihre Dampflokomotiven technisch in einem solchen Maße weiterentwickelt und vervollkommnet, daß sie mindestens gleich gut und in vielen Fällen sogar besser waren als die dieselelektrisch angetriebenen Lokomotiven von General Motors und anderer Hersteller, die sich die Erfindung von Rudolf Diesel zunutze gemacht hatten.

Die N&W konstruierte und baute ihre Lokomotiven in den riesigen, bahneigenen Werkshallen in Roanoke, Virginia, selbst und hatte dort entwickelt, was man im Endergebnis als „moderne, kohlegefeuerte Dampflokomotive" bezeichnete: ausgestattet mit Hochleistungskessel, Rollenlagern an allen Lok- und Tenderachsen, einteiligem Guß-Stahl-Rahmen, verbessertem Massenausgleich und ausgeklügelten Schmiersystemen. Diese Konstruktionsprinzipien fanden ihren Höhepunkt in drei Baureihen, die als „Finest Steam Engines Ever Built" in die Eisenbahngeschichte eingingen: die Lokomotiven der Klassen „A", „J" und „Y6". Mit diesem vielseitigen Trio konnten beinahe alle Zugförderungsaufgaben abgewickelt werden. Die Loks der Reihe A mit dem Achsbild 2-6-6-4 konnten problemlos lange Kohle- und Schnellgüterzüge über die flacheren Streckenabschnitte der N&W ziehen oder auch bei Bedarf einen Reisezug mit mehr als 70 Meilen pro Stunde befördern. Bei der Klasse J handelte es sich um eine stromlinienförmig verkleidete 4-8-4 Schnellzuglok mit einer Höchstgeschwindigkeit von 110 Meilen pro Stunde und einer möglichen monatlichen Laufleistung von mehr als 15.000 Meilen. Die Y6 war hingegen das Arbeitstier der Bahn, eine 2-8-8-2 Maschine, bestens geeignet für schwere Lasten auf kurvigen und steigungsreichen Strecken.

Zwischen Stehbolzen, Ventilen und Armaturen beschickt Bernard Cliff die weißglühende Feuerbüchse der 4-8-0 Lok Nr. 1148 der Reihe M2.

Mit diesen drei Bauarten wurden 84 % der Reisezug- und über 90 % der Güterzugleistungen erbracht, obwohl sie nur ein Drittel des Lokomotivbestandes der N&W ausmachten. Die Bahn erreichte dies durch eine theoretische „Verdieselung" mit fortschrittlichen Wartungs- und Unterhaltungseinrichtungen und -richtlinien, sowohl in den Werkstätten als auch auf den Strecken. Das Ergebnis war eine höhere Verfügbarkeit und eine optimale Umlaufplangestaltung.

Im Vertrauen auf das Steinkohle-Geschäft, das den größten Teil der Einnahmen erbrachte, beschäftigte sich die N&W ständig mit der Verbesserung ihres Dampflokparks. Dokumentiert wird dies zum einen durch die Modernisierung der K2-„Mountains", um sie der schnellen „J" anzugleichen, und durch den Bau von 45 neuen 0-8-0 Schlepptender-Rangierloks der Reihe S1a. Es waren die letzten Dampflokomotiven, die in den USA hergestellt wurden. 1955 war die Norfolk and Western die letzte als „Class 1" eingestufte Bahngesellschaft im Lande, die noch keine einzige Dieseleinheit in Betrieb hatte.

Es war jedoch klar, daß sowohl durch steigende Arbeitskosten als auch durch die zunehmend schwieriger und teurer werdende Ersatzteilbeschaffung auch hier die legendäre Epoche des Dampfes ein baldiges Ende finden würde. Es war nur noch eine Frage der Zeit, bis die Verwaltung der Bahn widerwillig die Entscheidung zur Verdieselung bekanntgeben mußte, zumal ein Versuch mit der „Jawn Henry" genannten, kohlegefeuerten dampfturboelektrischen Probelok fehlgeschlagen war. Nur eine Handvoll kurzer Anschlußbahnen mit spielzeughaft wirkenden Verschubloks würde übrigbleiben, um die stolze Vergangenheit der amerikanischen Dampflokomotive weiterzuführen.

Winston Link war sich des bevorstehenden Verlustes bewußt, als er auf der Straße 250 mit seinem

Norfolk and Western Railway in 1957

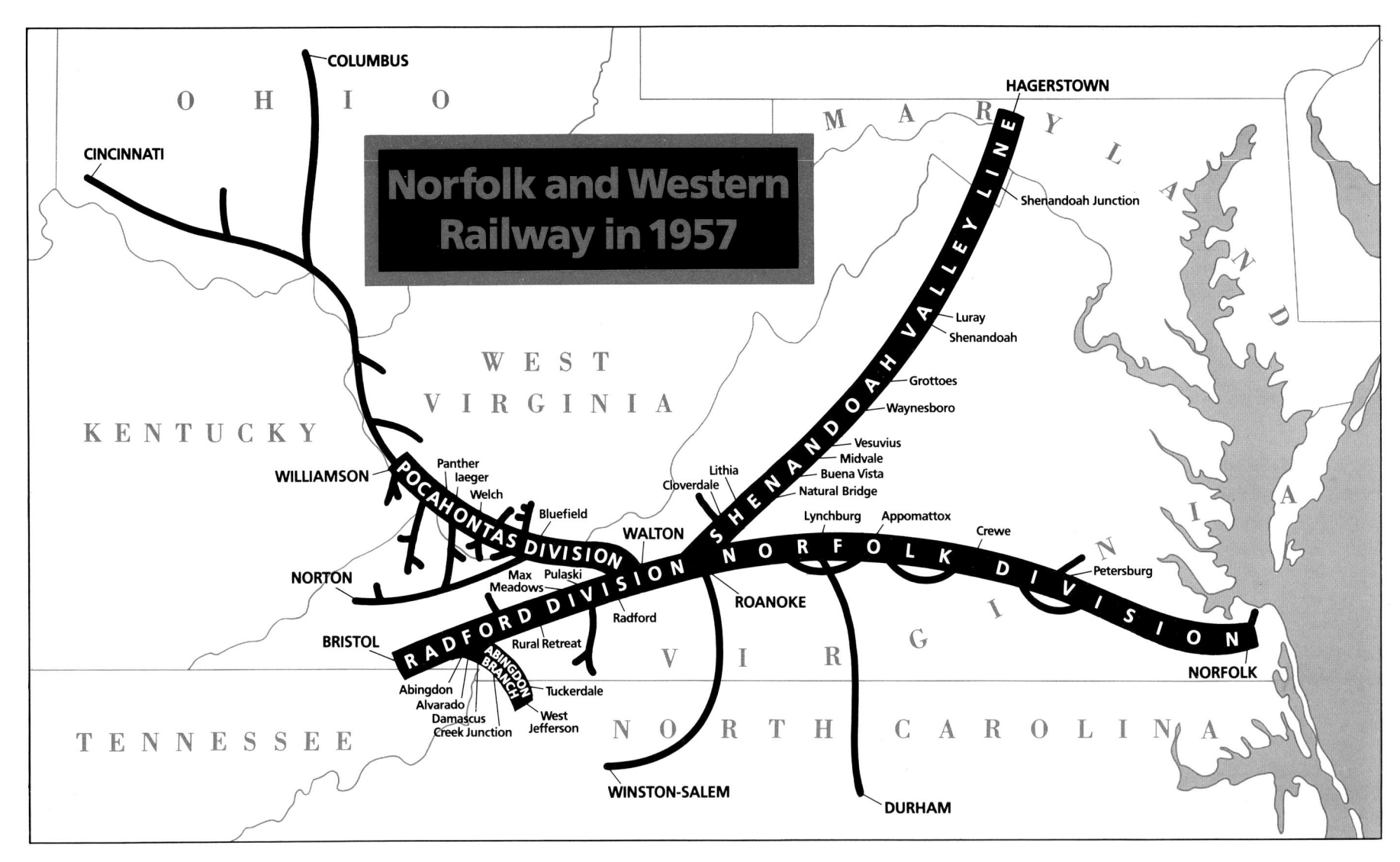

1952er Buick Cabriolet in Richtung Osten ins nächtliche Waynesboro fuhr. Aus seinem Exemplar des N&W-Fahrplanes wußte er, daß er zumindest den Richtung Norden fahrenden Reisezug auf der Strecke sehen würde, die entlang des Shenandoah Valleys von Roanoke nach Hagerstown, Maryland, führte.

In Waynesboro machte er sich auf die Suche nach dem Bahnhof und fand ein ungewöhnliches, zweistöckiges Bauwerk vor, in dem die N&W-Gleise die Hauptstrecke der konkurrierenden Chesapeake and Ohio (C&O) unterqueren. Link hätte im Obergeschoß die vornehmeren Warteräume für die C&O-Züge *Fast Flying Virginian* und *George Washington* aufsuchen können, doch die interessierten ihn weniger als der dampfbespannte N&W-Reisezug, auf den er wartete.

Im Dienstraum traf Link einen freundlichen Telegrafen, mit dem er sofort eine Unterhaltung begann. Nachdem sich herausgestellt hatte, daß noch einige Zeit bis zur Einfahrt des erwarteten Personenzuges vergehen würde, wurde der Besucher eingeladen, sich heimisch zu fühlen und ein wenig umzusehen.

In Waynesboro, einem Knotenpunkt und Wendebahnhof für Nahgüterzüge aus Roanoke und Shenandoah, besaß die Norfolk and Western einen kleinen, an der Bahnstrecke gelegenen Rangierbahnhof, wo u.a. Wagen mit der C&O ausgetauscht wurden. Ferner gab es in Waynesboro eine Werkstatt für die Reparatur von Güterwagen und Einrichtungen zur Versorgung der Lokomotiven.

Als Link das Gebäude besichtigte, wurde er der traditionellen Attribute der Eisenbahn gewahr, von denen er wußte, daß sie anderswo nicht mehr vorhanden waren: eine Uhr von Seth Thomas an der Wand, der süße Geruch von Petroleum, Männer in Latzhosen mit leuchtenden Halstüchern und Schirmmützen, das Geklapper des Telegrafie-Apparats, Wärme aus einem dickbäuchigen Ofen, das rubinrote Leuchten einer Laterne.

Während er wartete, rollte der „2nd 95", der zweite Teil eines südwärts fahrenden Eilgüterzuges mit Fracht aus New York und New England, in den Bahnhof ein und hielt an. Die im bahneigenen Werk in Roanoke gebaute, riesige 2-8-8-2 Y6 setzte einen Wagen aus, rollte wieder an den Zug, die Luftpumpe füllte erneut die Bremsleitung auf, und schließlich donnerte sie mit dem Zug aus dem Bahnhof. Während die schwankenden Wagen des ausfahrenden Zuges in der Dunkelheit verschwanden, tauchte am Zugende eine gespenstisch wirkende Gestalt aus der Caboose (Güterzugbegleitwagen) auf, schnappte sich zielsicher die Frachtpapiere, die ihr mit einer Art Gabel entgegengereicht wurden – und wurde von der Nacht verschlungen.

Dann, pünktlich zur planmäßigen Ankunftszeit um 21.23 Uhr, lief der Reisezug 2 in den Bahnhof ein und kam mit kreischenden Bremsen an dem gemauerten Bahnsteig zum Stehen. Gepäckkarren fuhren klappernd umher. Der einen erfahrenen und tüchtigen Eindruck machende Lokführer sprang mit einer langhalsigen Ölkanne von der Lok, während es den Anschein hatte, als wolle die keuchende K2a-Lokomotive ein wenig verschnaufen. Diese „Symphonie in Dampf" wurde von einem stocksteifen Schaffner beaufsichtigt, der, während er den Passagieren beim Ein- und Aussteigen behilflich war, ständig voller Ungeduld auf die Ziffern seiner vergoldeten Taschenuhr blickte. So schnell wie er aufgetaucht war, verschwand der kurze Schnellzug mit Kurswagen nach New York, einschließlich eines Pullman-Wagens, in einem Schleier aus Rauch und Dampf. Lediglich die zwei langsam verschwindenden Schlußlichter und das flackernde Blinzeln des gelben Positionssignals, das sich auf und ab bewegte, erinnerten noch für einige Augenblicke an das großartige Schauspiel.

Link wußte nun: Was er in dieser Nacht erlebt und seit seiner Jugend gewußt hatte, mußte fotografisch festgehalten werden, bevor diese historischen Rituale der Eisenbahn für immer Vergangenheit sein würden. Die Eindrücke, die er in Waynesboro gesammelt hatte, bestärkten ihn in seiner Überzeugung, daß es entlang der Norfolk and Western-Strecken noch sehr viel mehr lohnende Motive geben würde, die es wert waren, im Bild festgehalten zu werden. Er konnte sich lebhaft vorstellen, daß die Möglichkeiten überwältigend sein würden. Und er glaubte, daß seine Vorhaben am besten nachts zu verwirklichen waren, wenn er die Lichtverhältnisse für seine Aufnahmen selbst steuern konnte. Außerdem schien die Dunkelheit das Symbol für den Glanz und die Romantik zu sein, die die Eisenbahn umgaben. Von nun an wußte er, was er dokumentieren wollte: Dampf und Stahl unter den Sternen.

Am nächsten Tag, als Link eine Reihe von Bildern für eine Werbekampagne für den Verkauf von Klimaanlagen schoß, wanderten Dampf- und Rauchfahnen von Lokomotiven durch sein Unterbewußtsein. An diesem Abend, wir schreiben den 21. Januar 1955, kehrte er mit seiner 4x5-Kamera und einer umfangreichen Synchron-Blitzlichtausrüstung auf den Bahnhof von Waynesboro zurück und machte mit einem Freund, den er für die Sache gewonnen hatte, mehrere Aufnahmen von Zügen und dem Bahnhofsgebäude. Später, als er die Filme in seinem Studio in der East 34th Street in New York entwickelt und Abzüge gemacht hatte, nahmen seine Pläne Gestalt an. Er erkannte, daß die Ergebnisse genau so ausgefallen waren, wie er es kalkuliert und auch erwartet hatte.

Auf diese Weise ermutigt, wandte er sich in einem Schreiben an die Werbeabteilung der N&W und bat um Unterstützung für sein gewaltiges Vorhaben und um Hintergrundinformationen über die Eisenbahn.

„Haben Sie schon bemerkt, daß es nur wenig Aufnahmen von nächtlichen Eisenbahn-Szenen gibt?", schrieb er. „Ich würde gerne eine Reihe gut geplanter Nachtaufnahmen von außergewöhnlicher Qualität machen, indem ich die arbeitende Eisenbahn zeige, während die Fahrgäste schlafen. Aus menschlichem Interesse würde ich gerne einen Eisenbahner mit in jedes Bild nehmen. Die Unterstützung, die ich mir während dieses weitreichenden Projektes von Ihrer Bahngesellschaft erhoffe, bestünde aus einer Art Zusammenarbeit, die es mir erlauben soll, geeignete Orte für die Aufnahmen zu finden und dort das Bahngelände zu betreten", schreibt er weiter. „Können Sie sich vorstellen, daß Ihre Geschäftsleitung diesem Projekt zustimmen würde?"

Link war zufrieden mit der ausführlichen Darstellung seines Ansinnens und fügte einen Abzug seiner ersten Nachtaufnahme des in den Bahnhof von Waynesboro einfahrenden Zuges 2 sowie Unterlagen seiner hervorragenden Arbeit als Fotograf in der Werbebranche bei. Nun konnte er nur noch gespannt auf die Antwort der N&W warten.

Rechts: Dampflokomotiven haben schon immer jung und alt fasziniert. Diese gebannt dastehenden Jungen sind begeistert und beeindruckt vom Zauber der Dampflokomotive, als Zug 2 zu einem Halt in Waynesboro einfährt. Eine ähnliche Szene im Januar 1955 inspirierte O. Winston Link zu seinem Vorhaben.

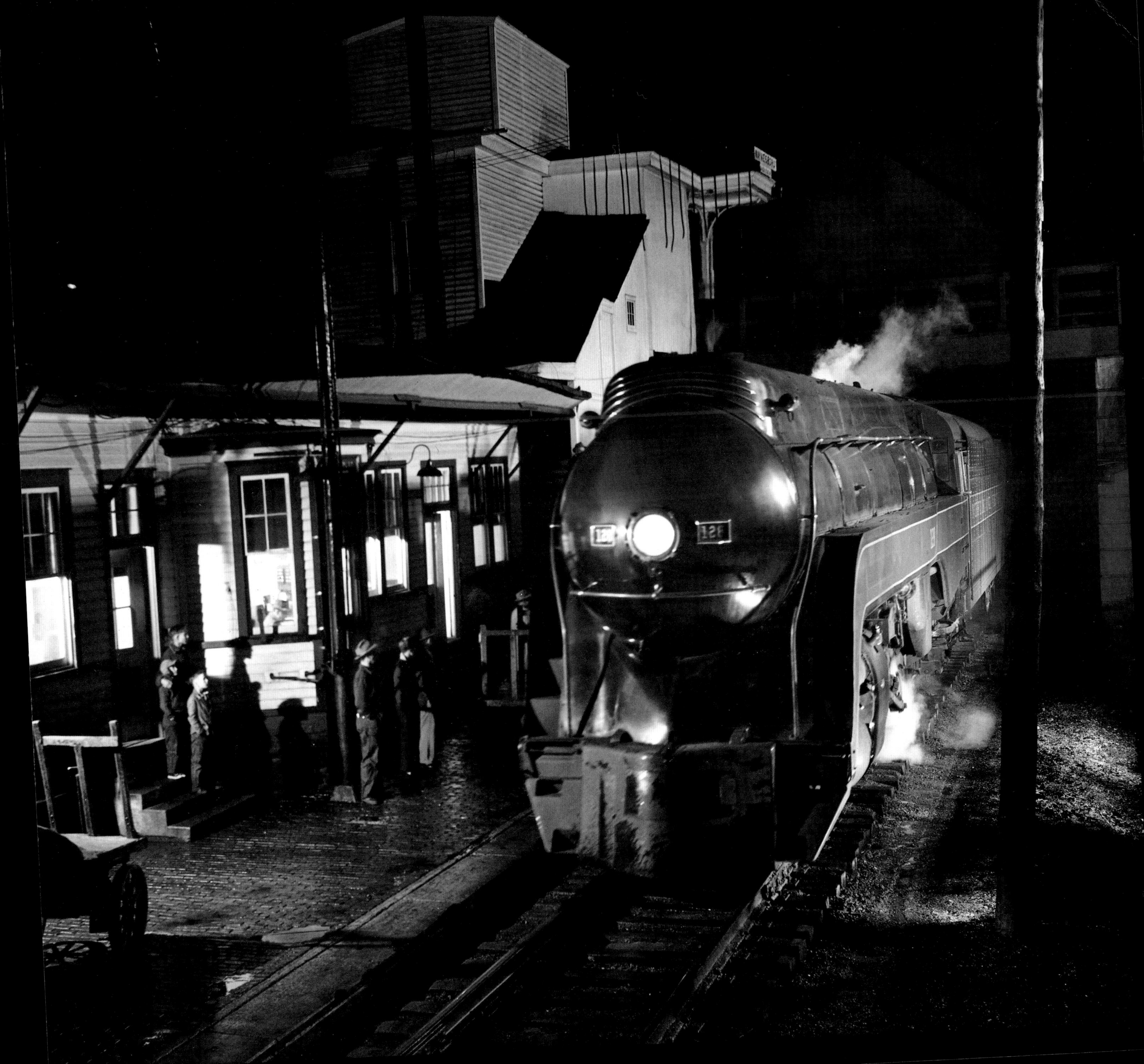

Oben: Wagenmeister J. N. Kite poliert in der angenehmen Wärme eines Kanonenofens seine Laterne, bevor er den „Kampf" mit den kalten und starren Achslagerdeckeln im Rangierbahnhof Waynesboro wieder aufnehmen muß.
Rechts: Ungeduldig in Waynesboro auf die Weiterreise durch das Shenandoah Valley wartend, verwandelt der „New York Train" auf seiner nächtlichen Fahrt den sonst ruhigen Bahnsteig in einen Ort geschäftigen Treibens. Während Zugführer L. M. Richardson seinen Fahrplan überprüft, verladen die Hangar-Brüder Post und Expressgut-Sendungen.
Übernächste Seite, links: Lokführer Howard Ruble ölt in einer verregneten, rostbringenden Nacht seine K2a Nr. 130 ab.
Übernächste Seite, rechts: Troy Humphries, Telegraf im Bahnhof Waynesboro, bespricht mit dem Dispatcher (Fahrdienstleiter) der Shenandoah Division in Roa-

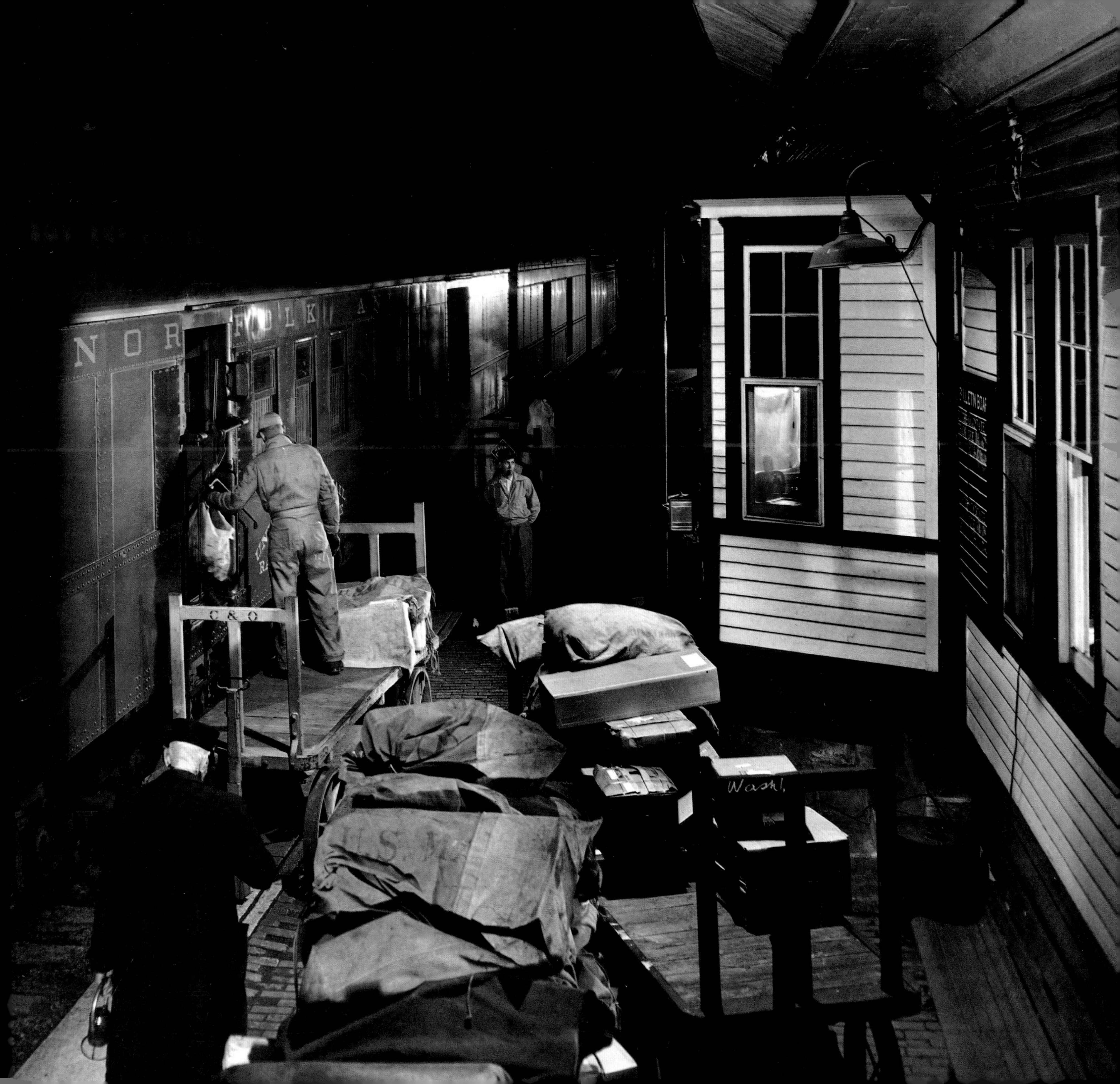
NOR FOLK
C&O
Wash.

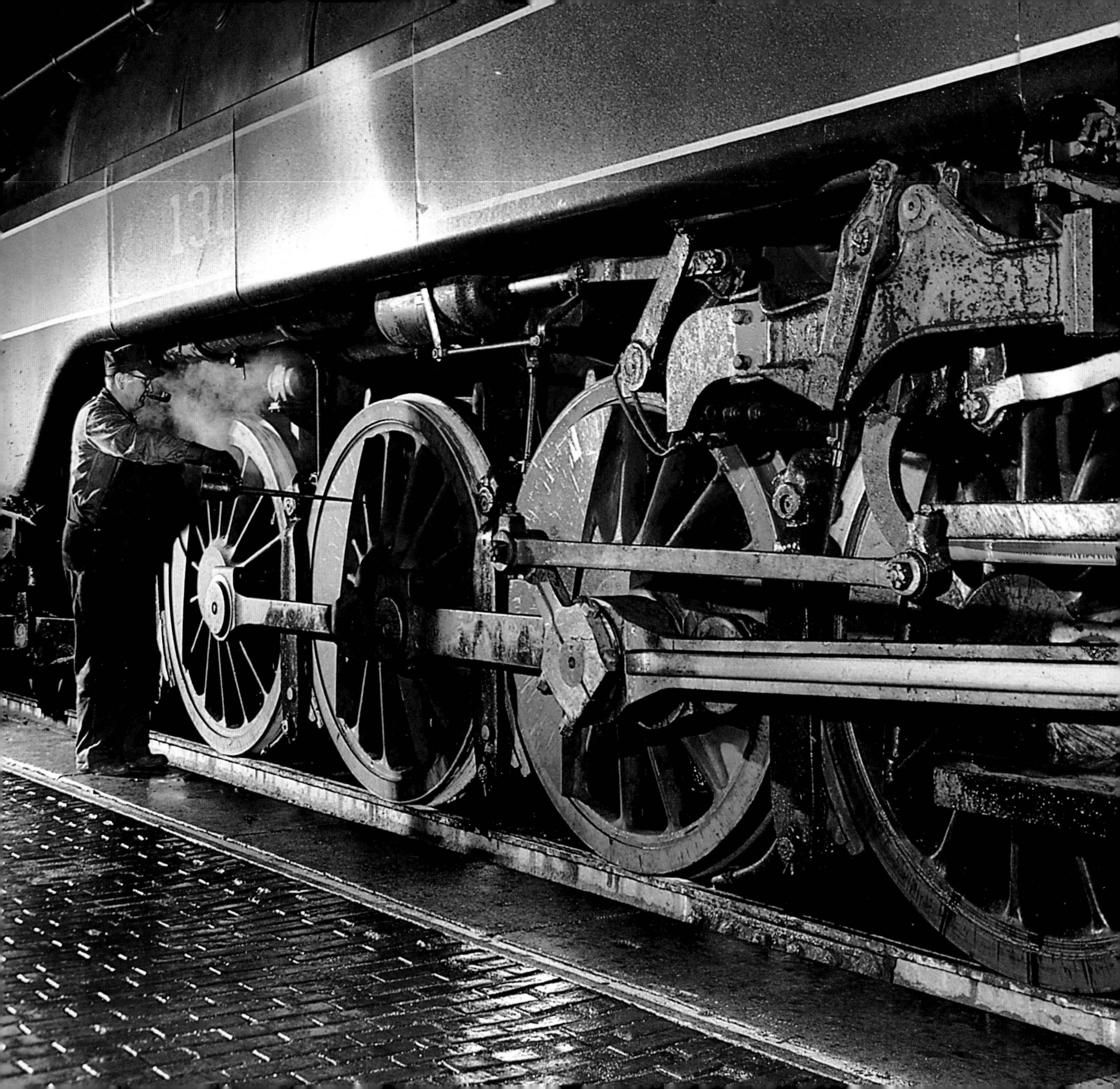

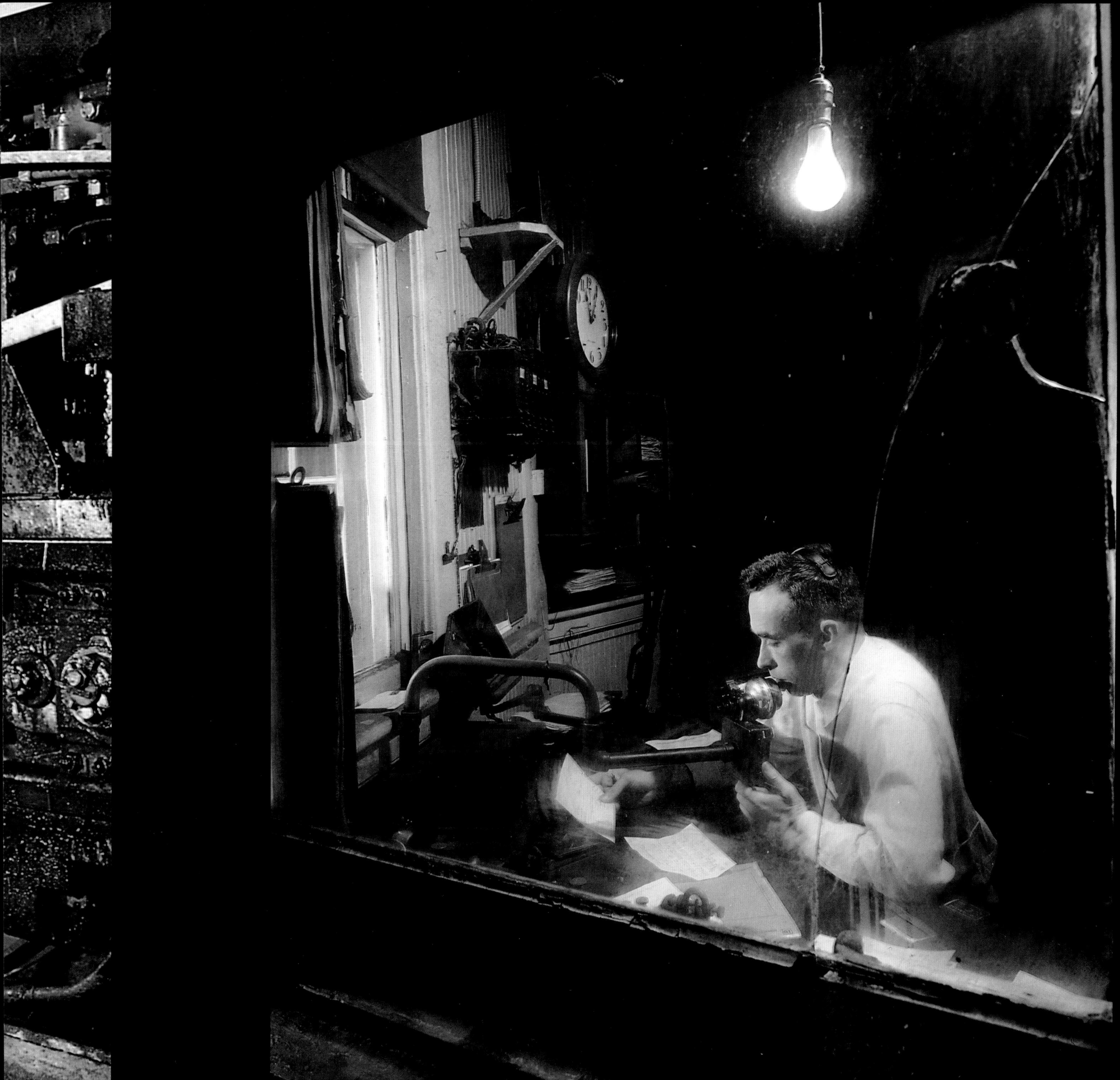

Unterwegs nach Roanoke unterquert die 2-8-8-2 Lok Nr. 2142 die Hauptstrecke
der Chesapeake and Ohio.

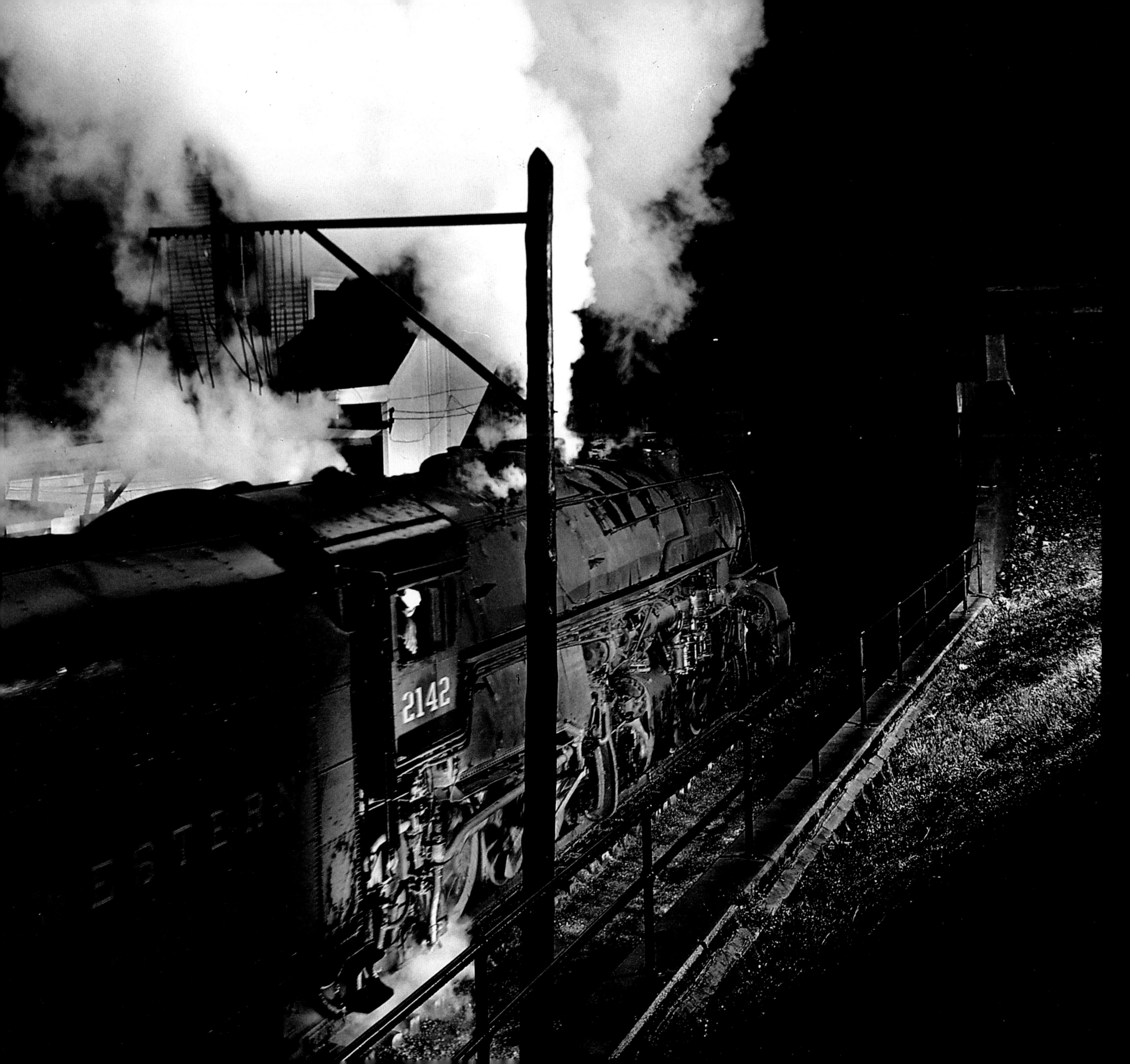
2142

Oben: Der Zugführer F. Y. Knight aus Shenandoah steht auf der Plattform seiner Caboose bereit, um im Vorbeifahren die Frachtpapiere entgegenzunehmen. Mit voller Konzentration wird der altgediente Eisenbahner in die Gabel greifen und dabei die gespannte Schnur abreißen, die sich dann mit den Papieren um seinen Oberarm wickeln wird.
Rechts: Die Uhr von Seth Thomas gibt im Bahnhof von Waynesboro das Arbeitstempo an: Troy Humphries sitzt am Schreibtisch und telegrafiert, während Bernie Cliff im Habitus eines Zugführers Frachtbriefe kontrolliert.

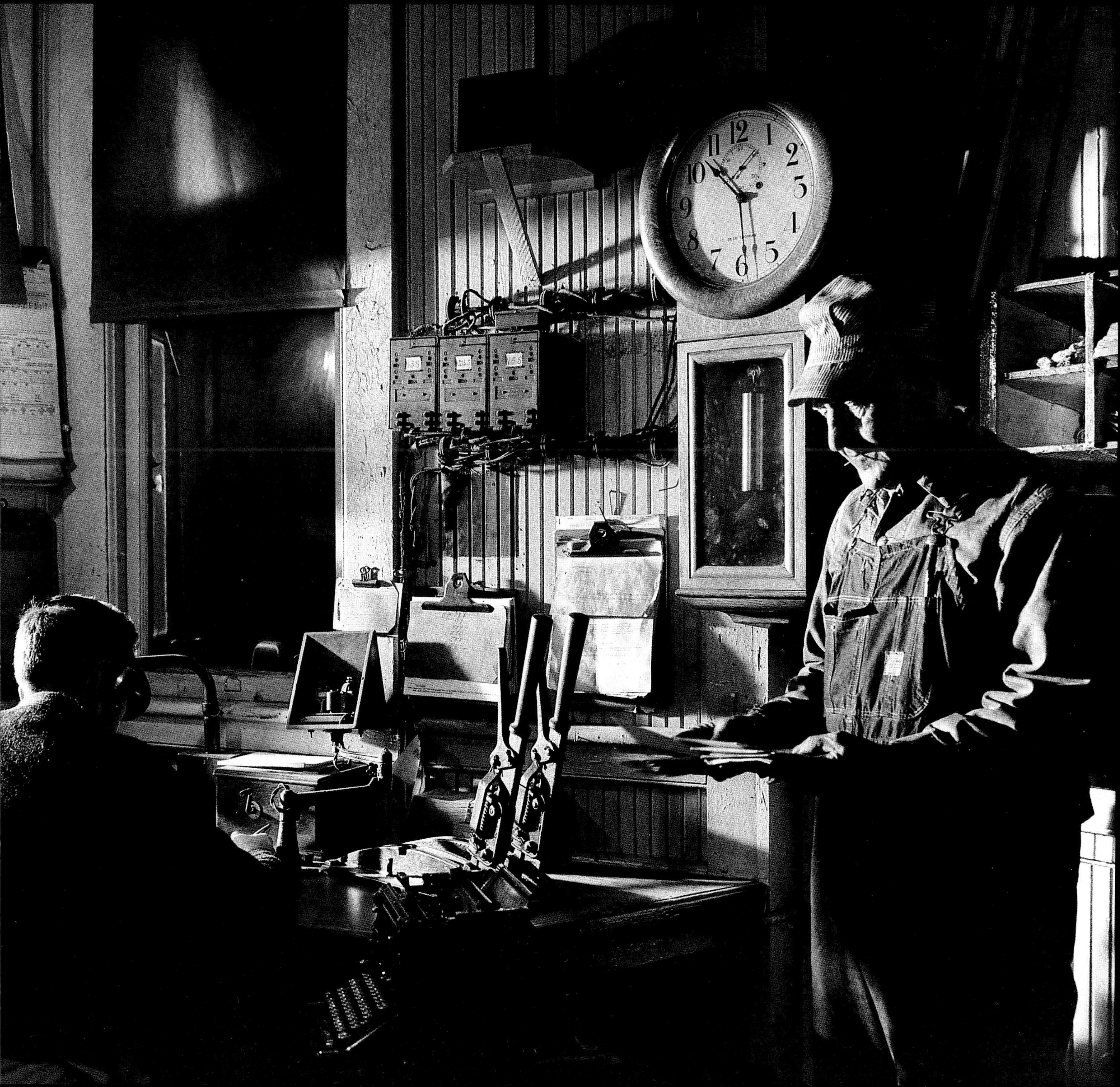
SETH THOMAS

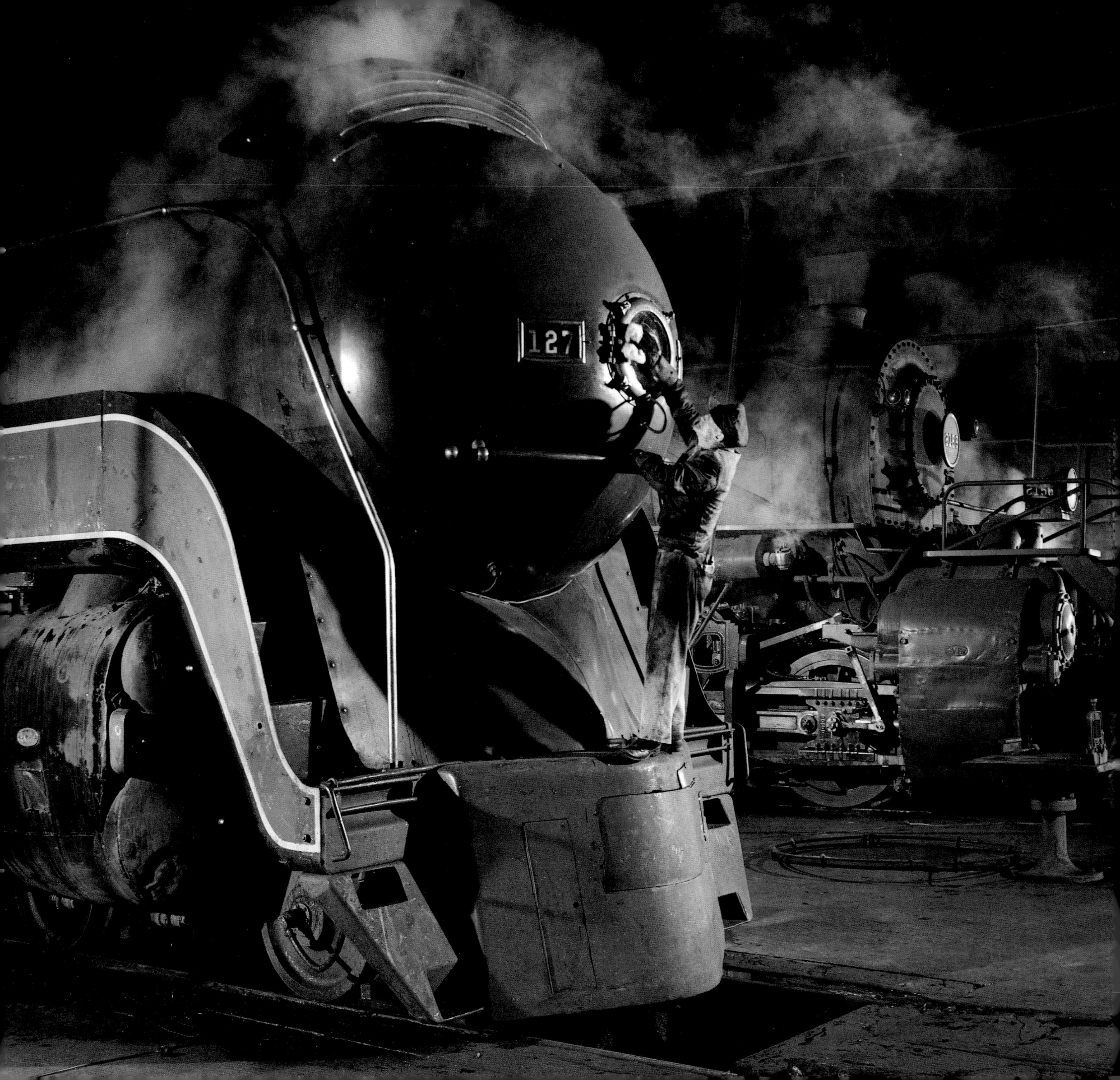
127

Als O. Winston Link im Zug Nr. 1 der N&W in südlicher Richtung durch das Shenandoah Valley fuhr, las er immer wieder den Brief, den er von Ben Bane Dulaney, Leiter der Werbeabteilung der N&W, erhalten hatte.

„Ihre Aufnahme von Zug Nr. 2 in Waynesboro ist ausgezeichnet", hatte Dulaney geschrieben, „wir können sie aber leider nicht als Werbefoto verwenden, da zum Zeitpunkt der Aufnahme die Sicherheitsventile der Lokomotive abblasen. Das weist darauf hin, daß das Heizen nicht vorschriftsmäßig gehandhabt und die Feuerbüchse der Lokomotive mit zuviel Brennstoff beschickt wird."

„Bitte glauben Sie aber nicht", setzte der Schreiber fort, „daß wir Ihr hervorragendes Bild kritisieren wollen. Im Gegenteil, wir freuen uns, Ihnen die Erlaubnis geben zu können, auf unserem Gelände Aufnahmen zu machen. Wenn Sie uns mitteilen, wann Sie Fotos an unseren Strecken anfertigen wollen, sind wir gerne bereit, Ihnen geeignete Stellen zu zeigen. Wir danken Ihnen für das Interesse an der Norfolk and Western und freuen uns auf die Zusammenarbeit mit Ihnen."

Als ein neuer Auftrag Link nach Staunton führte, plante er einen Abstecher nach Roanoke ein. An einem kühlen Märzmorgen bestieg er in Waynesbo-

2
Diese Eisenbahn ist voller Leben

Links: Der 40ständige „Shaffers Crossing"-Rundschuppen in Roanoke war der ganze Stolz der N&W. In der Blütezeit des Dampfbetriebes wurden dort täglich 135 Lokomotiven gewartet, bekohlt, besandet, gereinigt und gedreht.

ro den Zug dorthin. Beim Betrachten der vorbeiziehenden Landschaft wurde er sich der gegensätzlichen Lebensstile bewußt: Er war aus den hektischen Straßen Manhattans gekommen und rollte nun durch die nebligen Blue Ridge Mountains. Der Zug hielt kurz in Buena Vista, Troutville und Cloverdale: Namen, die die Schönheit der sie umgebenden Landschaft widerspiegelten. Doch sein Zug, ganz in einer rotbraunen Lackierung gehalten, dampfte weiter auf die „Star City" des Südens zu. Als Link im modernen Bahnhof von Roanoke den Zug verließ, war er erstaunt über das dort herrschende rege Treiben. Und überall waren Dampflokomotiven zu sehen!

Aus Osten kommend, donnerte eine 2-6-6-4 Lok der Reihe A mit dem Güterzug Nr. 85 durch den Bahnhof. Eine 0-8-0 Rangierlok der Reihe S1a eilte mit dem Pullman-Zug *McDowell County* vorüber. Eine A und eine Y6 schleppten gemeinsam einen langen, außerplanmäßigen Kohlezug zum Tidewater-Pier unweit Lambert's Point. Am Ostende von Bahnsteig 3 dampfte eine der mächtigen 4-8-4 Loks der Reihe J vor sich hin, bereit, den Schnellzug *Pocahontas* zu übernehmen. Das war Roanoke, Firmensitz und gleichzeitig bahntechnischer Mittelpunkt der Norfolk and Western, Ausgangspunkt von fünf Hauptlinien in Richtung Norden, Süden, Osten, Westen und Südwesten.

Eingebettet in ein natürliches Tal, unterhalb des majestätischen Mill Mountain, wird der Bahnhof auf der Ostseite von großzügigen Werkstattanlagen und den Gebäuden der Hauptverwaltung, auf der Westseite vom Bahnbetriebswerk „Shaffers Crossing" begrenzt. Jenseits der Bahnhofstraße findet man auf einem Hügel ein Kleinod der N&W, das bahneigene Hotel Roanoke, ein elegantes Haus im englischen Tudor-Stil.

Link war von den fotografischen Möglichkeiten im Bahnhofsgebäude beeindruckt. Die Wartehalle, der Fahrkartenschalter und die Tafel mit dem ausgehängten Fahrplan faszinierten ihn, ebenso die Elemente aus Glas und Aluminium, die der Designer Raymond Loewy anläßlich eines Umbaus 1949 in das Gebäude eingebracht hatte. In der Bahnhofshalle im ersten Stock kündigte ein altgedienter Bahnhofssprecher die Abfahrt eines Zuges im typischen Virginia-Dialekt an: „Traaiin Numbuh Eee'levuunn is nooww ready fo boarding on traak fooah... Rocky Mount, Bassett, Martinsville, Mayodan, Walnut Cove 'n Winston-Salem. Alll aaaboaard for Nawth Cariiinah 'n points south!"

Link machte sich durch die sehr gepflegten Anlagen des Hotels Roanoke auf den Weg zur Hauptverwaltung in der North Jefferson Street, wo sich die Büros der Werbeabteilung befanden. Dort konnte er seine Wünsche vortragen und freundete sich schnell mit dem liebenswürdigen, unentwegt rauchenden Ben Bane Dulaney an. Dulaney, der sich seitens der N&W um Link kümmern sollte, war in Washington D.C. geboren und dort auch aufgewachsen. Als er als Kind die Sommerferien bei seinen Großeltern in Glade Spring, Virginia, verbrachte, stand für ihn fest, daß er einmal Eisenbahner werden würde. Ein Onkel von Dulaney war im Bahnhof Glade Spring als Telegraf beschäftigt. Fasziniert von der Eisenbahn, war er ein ständiger Beobachter auf diesem Kleinstadtbahnhof, wo es u.a. den *New York, Chattanooga & New Orleans Limited* zu sehen gab, der später zu Ehren des Wappentiers von Louisiana in *Pelican* umbenannt wurde. Dulaney nahm Gelegenheitsarbeiten an und erbettelte sich Mitfahrten auf den Rangierloks der Salt-Nebenstrecke.

Nach seinem Universitätsabschluß arbeitete Dulaney als Redakteur bei der *Washington Post* und als *Time*-Korrespondent, bevor er seine beiden Leidenschaften, das Schreiben und die Eisenbahn, miteinander verband und als Leiter der Presseabteilung zur N&W wechselte. Sein leidenschaftliches

Interesse an der Geschichte der Bahn und sein umfangreiches Hintergrundwissen ermöglichten es ihm, den aufmerksamen Link umfassend zu informieren.

Der Aufbau der Norfolk and Western dauerte rund 60 Jahre. Stählerne Schienen wurden durch ein Labyrinth aus Bankrotten und Bürokratie gelegt, durch die Wirren des Bürgerkriegs, durch Epidemien und technische Alpträume. Die Geschichte begann in den frühen dreißiger Jahren des letzten Jahrhunderts, als die ständig wachsende Stadt Petersburg in Virginia nach anderen Möglichkeiten suchte, ihre Waren zum nahegelegenen James River zu transportieren. Bereits nördlicher Endpunkt der zweiten Eisenbahnstrecke im Süden des Kontinents, hatte die aus der Kolonialzeit hervorgegangene, ehrgeizige kleine Handelsstadt nur eine hoffnungslos schlechte Straße zu den Anlegestellen in City Point und für den Handel auf den nördlichen Märkten zur Verfügung. Die Befürworter einer Eisenbahn nach City Point reichten deshalb bei der Generalversammlung von Virginia ein Gesuch zu deren Bau ein und beriefen sich auf die Tatsache, daß sich die Mautstraße bei Regen und Schnee häufig in einen unpassierbaren Morast verwandelte, so daß für die Acht-Meilen-Reise zum Kai am James River fast genauso viel Zeit benötigt wurde wie für die restliche Schiffsreise nach New York.

Nach dreijähriger Debatte wurde die Baugenehmigung für die Bahnlinie erteilt und die City Point Rail Road am 26. Januar 1836 gegründet. Mehr als zwei Jahre später, am 7. September 1838, quälte sich der erste Zug von Petersburg nach City Point, gezogen von der kleinen Lokomotive *Powhatan*, die William Norris in Philadelphia gebaut hatte. (Norris baute übrigens ein Jahr später eine Schwesterlok namens *Pocahontas*). Der Oberbau der Strecke bestand aus leichten, aus England importierten Schienenprofilen, die auf hölzernen Schwellen befestigt waren, welche wiederum auf Querschwellen aus Stein lagen. Dies war der bescheidene Anfang der Norfolk and Western.

In der Zwischenzeit hatte sich das Eisenbahnfieber bis nach Lynchburg ausgebreitet, das am Fuße des Blue Ridge lag und über den James River und Kanawha-Kanal versorgt wurde. Die Stadtväter träumten von einer Eisenbahnverbindung über die Berge zum New River und dem dann möglichen Zugang zum Mittleren Westen. Es vergingen jedoch noch 19 Jahre, bevor der erste Spatenstich zum Bau der Lynchburg-Eisenbahn getan werden konnte.

Nachdem der New River für nicht mehr schiffbar erklärt worden war und nur noch von Ruderbooten befahren werden durfte, träumten die führenden Persönlichkeiten in Lynchburg von einer Bahnstrecke, die möglichst bis zum Mississippi führen sollte. Nach zwei Namensänderungen wurde die Virginia and Tennessee gegründet, und 1850 wurden die ersten Schienen in Richtung Peaks of Otter und zu den Blue Mountains gelegt. Nach einem sechsjährigen Kampf, in dem die Blue Ridge- und Allegheny-Bergketten überwunden werden mußten, führte die Eisenbahn durch den Südwesten Virginias und berührte Bristol an der Tennessee-Strecke.

Zwei weitere Bahnstrecken waren in jener Zeit im „Old Dominion" (Staat Virginia) im Bau, und bei beiden galt es technische Probleme zu bewältigen, die seinerzeit als unlösbar angesehen wurden.

Die 1846 gegründete Southside Railroad zwischen Petersburg und Lynchburg war als Konkurrenz zur prächtig florierenden Schiffahrt auf dem James River gedacht. Die Menschen, die mit dem Fluß ihr Geld verdienten, kämpften erbittert gegen die Eisenbahn, bevor der Staat den Bau genehmigte. Ein größeres Problem stellte jedoch die Überwindung der gähnend tiefen Schlucht des Appomattox Rivers in der Nähe von Farmville dar. Man löste die schwierige Aufgabe durch den Bau einer 3.400 Fuß langen Brückenkonstruktion, die man „High Bridge" nannte. Dieses Wunderwerk seiner Epoche ruhte auf 20 Pfeilern, für deren Bau 3.766.000 Ziegelsteine benötigt wurden. Die Fertigstellung der Brücke im Jahre 1853 erlaubte es der Bahn ein Jahr später, den Betrieb auf der gesamten Strecke aufzunehmen. Die Züge verkehrten nun fahrplanmäßig zwischen den Endbahnhöfen und hielten auch an den Besitzungen der Sutherlands, Fords, Wilsons und Rices sowie in „Blacks & Whites" (dem heutigen Blackstone).

Der östlich von Petersburg gelegene Hafen von Norfolk drängte auf eine Eisenbahnverbindung ins Inland. Ein großes Sumpfgebiet, das als „Great Dismal Swamp" bekannt war, behinderte den Handel mit dem ganzjährig schiffbaren Hafen. Die Norfolk and Petersburg entstand im Jahre 1851, doch erst 1853 machte es ein 27jähriger Ingenieur namens William Mahone möglich, die Tiefe des Sumpfes zu überwinden.

Unter der Leitung von Mahone gelang es den Arbeitern, eine breite Trasse trockenzulegen. Drainagen wurden gezogen und ein Knüppeldamm aus Bäumen und Wurzeln als Untergrund für den Gleisbau angelegt. Die Strecke wurde bereits zweigleisig trassiert, was in jenen Kindertagen der Eisenbahn als verrückt angesehen wurde. Nachdem der Sumpf besiegt worden war, nahm Mahone trotz akuten Arbeitskräftemangels und einer Gelbfieberepidemie die Strecke in Richtung Suffolk in Angriff und baute die über 52 Meilen schnurgerade nach Petersburg führende Linie, die noch heute zu den längsten geraden Abschnitten in den USA gehört. 1858 konnte der letzte Schienennagel eingeschlagen werden.

Nun hatte man eine durchgehende Eisenbahnverbindung von Tidewater nach Tennessee. Die drei Gesellschaften – Norfolk and Petersburg (N&P), Southside (diese Gesellschaft hatte 1854 die Appomattox Railroad, eine Nachfolgerin der City Point Rail Road übernommen) und die Virginia and Tennessee führten sich gegenseitig Verkehr zu und begannen aufzublühen. Um 1860 erlaubten Verbindungsstrecken von Petersburg und Lynchburg in den Norden und von Bristol in den Süden unter Mitbenutzung der Schienenwege der drei Bahngesellschaften in Virginia eine direkte Eisenbahnverbindung von New York und Norfolk nach New Orleans und Memphis.

Die Blütezeit währte jedoch nicht lange. Der Bürgerkrieg zwischen Nord- und Südstaaten richtete die drei Bahngesellschaften fast zugrunde. Die Nordstaaten-Truppen zerstörten bei wiederholten Angriffen weitgehend die Anlagen und Schienenwege sowohl der Southside als auch der Virginia and Tennessee. Die Norfolk and Petersburg wurde beim Rückzug der Truppen der Südstaaten in Mitleidenschaft gezogen. Am Ende des Krieges befand sich alles in bemitleidenswertem Zustand. Die Southside als wohlhabendste der drei Gesellschaften besaß zwar noch 675.000 Dollar, jedoch bis auf 3.592 Dollar in nunmehr wertloser Konföderationswährung.

Es blieb dem findigen William Mahone, dem Mann, der die „Sumpfstrecke" der Norfolk and Petersburg gebaut hatte, vorbehalten, die verwüsteten Bahnlinien wieder aufzubauen. Mahone, mittlerweile als General der Südstaaten-Armee und Held der „Battle of the Crater" zu Berühmtheit gelangt, wurde 1865 Präsident der Southside, nachdem er zuvor schon die Präsidentschaft der N&P übernommen hatte. Für den Wiederaufbau der beiden Strecken stellte er Arbeiter ein, denen er als Lohn „Fleisch, Brot und das Versprechen, etwas zu zahlen", anbot.

Zwei Jahre später, im Jahre 1867, wurde Mahone, der die Vereinigung aller Eisenbahngesellschaften befürwortete, zum Präsidenten der Virginia and

Tennessee gewählt. Obwohl es nicht wenige Stimmen gab, die vor einer Monopolisierung warnten, gelang es Mahone innerhalb von drei Jahren, die Politiker Virginias von einem Zusammenschluß der drei Bahngesellschaften, deren Präsident er war, zu überzeugen. Dabei halfen ihm sicherlich die wohlorganisierten und verführerischen Dinner-Parties, auf denen Schildkrötensuppe und Champagner gereicht und die Volksvertreter umworben wurden. Im November 1870 hatte er endlich gesiegt. Die drei Bahngesellschaften wurden zur Atlantic, Mississippi, and Ohio Railroad (AM&O) vereinigt, und die 408 Meilen lange Strecke von Norfolk nach Bristol wurde nun von einer einzigen Gesellschaft verwaltet.

Mahone baute die neugebildete AM&O mit Kapital aus England wieder auf, erneuerte die abgefahrenen Schienen und modernisierte das rollende Material durch neue Lokomotiven und Wagen. Er kümmerte sich persönlich um jede Kleinigkeit; ständig unternahm er mit zwei Draisinen (eine für sich selbst, eine für einen Helfer und Gepäck) Inspektionsfahrten von einem Endbahnhof zum anderen. Trotz seiner Besessenheit – sogar die Entwürfe der Bahnhofsgebäude stammten von ihm selbst – konnte Mahone die Wirtschaftskrise von 1873 und den sich daraus ergebenden wirtschaftlichen Niedergang nicht verhindern. 1876 mußte die Gesellschaft Konkurs anmelden.

Auf einer öffentlichen Auktion wurde die AM&O im Jahre 1881 für 8.605.000 Dollar von Clarence H. Clark und seinen Gesellschaftern, Finanziers aus Philadelphia, ersteigert. Durch Umorganisation wurde aus der AM&O die Norfolk and Western.

In den Jahren vor 1880 stammte der größte Teil der Einnahmen der neu organisierten Norfolk and Western sowie ihrer Vorläufer aus dem Transport von Agrarprodukten des Südens: Baumwolle, Holz, Tabak, Getreide und Vieh. Ein junger Ingenieur namens Frederick J. Kimball, der für Clark arbeitete, änderte das jedoch grundlegend, als er eher zufällig ein Kohlevorkommen bei einem Ort namens Abbs Valley im äußersten Südwesten Virginias entdeckte.

Kimball war Präsident der Shenandoah Valley Railroad, die ebenfalls Clark gehörte und an der im Süden von Hagerstown, Maryland, noch gebaut wurde, wenn auch nur halbherzig. Durch sensationelle Berichte über ein 13 Fuß starkes Flöz von „schwarzen Diamanten" im Tazewell County neugierig geworden, studierte er alle verfügbaren Auf-

Der Heizer Russell F. Bussey posiert für Link nach einem Uhrenvergleich in der Lokleitung von Bluefield, bevor die Rückfahrt zum Heimatbahnhof Roanoke beginnt.

zeichnungen, die teilweise bis in die Zeit Thomas Jeffersons zurückreichten und beschloß daraufhin, sich die spektakuläre Kohleschicht selbst anzuschauen. Im Wagen und zu Pferde machte er sich zu diesem Ort in der Wildnis auf und sammelte einige Stücke des Minerals ein, das der Hufschmied benutzte, um seine Schmiede zu heizen. Bei Untersuchungen stellte sich heraus, daß die gefundene Kohle mit ihrer sehr guten Qualität alle bisherigen Funde deutlich übertraf, so daß sich Kimball sofort daran machte, das Problem des Abtransports der Kohle mit Hilfe der Eisenbahn zu lösen.

Im Jahre 1882 schuf Kimball in einem Ort, der sich „Big Lick" nannte, einen Anschluß der schmalspurigen „Shenandoah Valley" (SV) an die N&W, der durch ein lukratives Angebot der 400 Einwohner dieses Ortes ermöglicht wurde. Es wurde eine Umspuranlage gebaut, so daß durch den Tausch der Drehgestelle Schmalspurwagen auf dem Netz der Schwestergesellschaft verkehren konnten. Der Name des Ortes wurde in Roanoke geändert, und von nun an begann das kleine Dorf zu wachsen. Ein Jahr später wurde der erste Industriebetrieb angesiedelt: die Roanoke Machine Works, gegründet mit dem Ziel, die Fahrzeugparks von SV und N&W zu unterhalten. Das Unternehmen, als „größter Hersteller von Wagen und Lokomotiven im Süden" bezeichnet, beschäftigte etwa 1.200 Arbeiter, überwiegend rauflustige Iren, die durch Pater J. W. Lynch „unter Kontrolle" gehalten wurden. Er las die Messe solange in einem Eisenbahnwagen, bis die katholische Kirche Saint Andrew's gebaut wurde. 1883 wurden die Hauptverwaltungen der beiden Bahngesellschaften von Hagerstown bzw. Lynchburg in das kleine, mit Leben erfüllte Roanoke verlegt und damit das Wachstum der Stadt weiter beschleunigt. (In den 50er Jahren unseres Jahrhunderts beschäftigte die N&W über 6.000 Einwohner Roanokes.)

Frederick Kimball, mittlerweile auch Vizepräsident der N&W, überzeugte die Direktoren seiner Gesellschaft von der Notwendigkeit, eine Nebenstrecke namens New River Extension von Radford aus zur Erschließung der Kohlefelder bei Abbs Valley zu bauen. Am 12. März 1883 wurden die ersten Wagen mit Kohle beladen. Obwohl die Mine – Pocahontas Number One – im ersten Jahr nur 54.542 t Kohle förderte, war die gewinnträchtige Zukunft der neuen Strecke bereits mit dem ersten Klumpen Kohle, der das Transportband verließ, jedermann klar. („Wir transportieren den Brennstoff, mit dem Sie zufrieden sein werden" – so oder ähnlich konnte die N&W werben, denn schließlich wurden im Einzugsgebiet ihrer Bahnstrecken rund 130 verschiedene Kohlearten abgebaut.) Im Jahre 1957 beförderte sie über 60 Mio. t und damit mehr als 10 % der Gesamtförderung in den USA.

Als Dank für seinen Weitblick wurde Kimball 1883 zum Präsidenten der N&W gewählt. In den folgenden 20 Jahren war er die treibende Kraft für das Wachstum der Gesellschaft. Während die Mine bei Pocahontas (der neue Name für Abbs Valley) florierte, träumte Kimball von einer Strecke zum Ohio, um neue Kohlefelder, die entlang der Grenze West-Virginias zu Kentucky und Virginia lagen, zu erschließen. Er wußte schließlich, daß man bislang nur an der Oberfläche reicher Kohlevorkommen gekratzt hatte. Andere, die das Kapital der Bahngesellschaft überwachten, vergeudeten hingegen die Zeit mit Träumen von einer Bahnstrecke nach Washington D.C., die freilich nie gebaut werden sollte, oder von wertlosen Eisenerz-Vorkommen an einer niemals fertiggestellten Strecke, mit der man Anschluß an die Atlantic and Yadkin nahe der Grenze zu North Carolina herstellen wollte.

Im Februar 1890 ergab sich die Möglichkeit, die Scioto Valley and New England (SV&NE) zu kaufen, eine 121 Meilen lange Strecke, die von Coal Grove, Ohio, westlich entlang des Ohio nach Portsmouth und Columbus führte. Kimball nahm die Gelegenheit wahr und erwarb die Bahn für 3.000.000 Dollar in Vorzugsaktien. Einen Monat später wurden bereits die Verträge für den Bau der Ohio Extension vorgelegt, dem ehrgeizigsten Projekt, das die N&W jemals plante.

15 Baugesellschaften mit 5.000 Arbeitern und einer Vielzahl von Maultieren, Ochsen und Pferden arbeiteten langsam durch die Wildnis West Virginias aufeinander zu. Eine Gruppe arbeitete von Elkhorn aus, dem Endpunkt einer Reihe von Kohlebahnen, die in Bluefield von der New River Extension abzweigten. Die andere Mannschaft begann ihr Werk in Kenova, am Ufer des Ohio gelegen. Gleichzeitig wurde an einer fünfbogigen, 3.886 Fuß langen Brücke und an einem Überführungsbauwerk für die Zufahrt nach Kenova gearbeitet. Nach der Überquerung des breiten Ohio sollte bei Sheridan eine Verbindung mit der SV&NE geschaffen werden.

Beträchtliche Schwierigkeiten stellten sich auf der 191 Meilen langen Strecke ein, als während des harten Winters in den Appalachen beim Bohren der acht Tunnels brüchiges, für die Arbeiter gefährliches Gestein angetroffen wurde. Aber schließlich kam es doch zur Streckeneröffnung. Um 16.00 Uhr am 22. September 1892 trafen sich die beiden Bautrupps bei Hatfield, West Virginia – der letzte Schienennagel konnte eingeschlagen werden. Übrigens ganz in der Nähe des Grundbesitzes von Devil Anse Hatfield, dem Oberhaupt des berühmten Clans, der mit den McCoys, den Nachbarn auf der Kentucky-Seite des Tug River, in Fehde lag. (Einige Mitglieder der Hatfield-Familie besaßen Verträge über die Lieferung von hölzernen Eisenbahnschwellen für den Streckenbau der N&W).

Mit der Eröffnung der Ohio Extension besaß die N&W eine Hauptstrecke, die sich über fast 700 Meilen von Norfolk bis nach Columbus, mit seinen Verbindungen zu den Märkten des Mittleren Westens, erstreckte. Zufrieden mit der Verwirklichung seiner Ausbaupläne, wandte sich Kimball nun der Ausweitung des Kohleverkehrs zu, besonders in Richtung der Industriegebiete rund um die Großen Seen. Heute verzweigen sich mehr als 70 Eisenbahnstrecken wie die Äste eines Pflaumenbaumes, um die Fördermengen der Kohlefelder Tug River, Clinch Valley, Buchanan, Pocahontas, Thacker und Kenova abzufahren. Man behauptete sogar, die Norfolk and Western könne jede Bahnstrecke, außer der von Bluefield nach Kenova, stillegen und würde trotzdem immer noch Gewinn abwerfen.

In den 90er Jahren führte Kimball seine Expansionspolitik fort. Die Shenandoah Valley wurde von der N&W übernommen, und der Clinch Valley District wurde 1891 mit der Strecke Bluefield – Norton und damit der Verbindung Louisville – Nashville vervollständigt. Doch die N&W wurde durch dieses steile Wachstum in Verbindung mit der Wirtschaftskrise von 1893 und der anschließenden Rezession stark geschwächt. Die Norfolk and Western Railroad mußte Konkurs anmelden, wurde aber am 24. September 1896 nach einer Neuorganisation als Norfolk and Western Railway wieder ins Leben gerufen. Nachdem sie sich schnell erholt hatte, übernahm die Bahn die Strecke Roanoke – Winston-Salem (North Carolina) der Roanoke and Southern Railway und im gleichen Jahr die Bahngesellschaft Lynchburg and Durham, die eine Strecke zwischen diesen beiden Orten betrieb. Ein Jahr später wurden die Roanoke Machine Works als bahneigene Werkstätte (Roanoke Shops) übernommen.

Schließlich war die grundlegende Struktur der Norfolk and Western, wie O. Winston Link sie kennenlernte, 1901 mit dem Kauf der Cincinnati, Portsmouth and Virginia, einer 100 Meilen langen Strecke zwischen den beiden Städten am Ohio, vollendet. Zwei Jahre später starb Frederick J. Kimball, der mit Recht als „Vater" der N&W angesehen wird, obwohl sie bereits mehr als 60 Jahre vor seinem Wirken für die Gesellschaft gegründet worden war.

Nach der Vervollständigung des Streckennetzes setzte die N&W ihr Wachstum fort. Es wurden Millionen von Dollars investiert und fünf weitgehend selbständige Betriebsabteilungen gegründet: die Norfolk, Shenandoah, Radford, Pocahontas und Scioto „Divisions". Allein in den ersten zehn Jahren nach dem 2. Weltkrieg wurden 216 Millionen Dollar für Verbesserungen ausgegeben. Die Spannweite der Investitionen reichte vom Neuanstrich des Bahnhofs Peebles/Ohio (draußen am „Erbsenstock", wie der Cincinnati District der Scioto Division scherzhaft genannt wird) bis hin zum Bau des 7.052 Fuß langen Tunnels durch den Elkhorn Mountain in West Virginia. Die N&W galt als Schrittmacher in der Eisenbahn-Industrie und konnte 1955 in Portsmouth stolz den ersten vollautomatischen Rangierbetrieb einführen. Mit insgesamt 60.000 Güterwagen besaß die N&W mehr Waggons pro Meile als jede andere amerikanische Eisenbahngesellschaft mit einem Streckennetz von über 250 Meilen Länge.

Eine weit vorausschauende Unternehmenspolitik ermöglichte es der N&W, alles zu transportieren, was beweglich war, an jeden Ort, jederzeit, und für jedermann. Es gab für die N&W nichts zu Großes oder zu Schwieriges. Sie konnte einen 430.000 Pfund schweren Generator von Hagerstown nach Bristol bringen, oder aber auch drei an Polio Erkrankte mitsamt ihren „Eisernen Lungen" von Roanoke nach Richmond transportieren. Die Hauptaufgabe der N&W war zwar der Kohle- und Gütertransport, aber sie bot auch einen allgemein anerkannten, guten Reisezugdienst an, mit sauberen Reisezugwagen, funkelnden Speisewagen und vornehmen Salonwagen, die ein Verleger von Eisenbahnbüchern wegen ihres Überangebotes an Plätzen einmal als „riesiges Brachland für die Passagiere" bezeichnete. Nachdem die N&W den *Pocahontas* im Jahre 1926 und ein Jahr später den *Cavalier* – vor allem für den Geschäftsverkehr zwischen Norfolk und Cincinnati-Columbus – eingeführt hatte, setzte sie drei Zugpaare ein, die Übergang auf die Southern Railway hatten: den *Birmingham Special*, den *Pelican* und den silberfarbenen *Tennessean* zwischen Lynchburg und Bristol, Teilstück einer Strecke, die von New York über Washington tief in den Süden führt. Zusätzlich gab es die namenlosen Züge 1 und 2, die durch das Shenandoah Valley rollten, sowie den *Cannon Ball* zwischen Norfolk und Richmond, der ab Petersburg von der Atlantic Coast Line übernommen wurde. Ferner gab es eine große Anzahl lokaler Verbindungen. Mit Klimaanlagen versehene Reisezugwagen kamen auch in zweitrangige Hauptstrecken-Endbahnhöfe wie Durham, Norton und Winston-Salem. Schließlich gab es Personenbeförderung, manchmal in gemischten Zügen, nach nahezu jedem Nebenbahn-Endbahnhof.

Das Beste, was die N&W im Reisezugverkehr zu bieten hatte, war der *Powhatan Arrow*, benannt nach einem berühmten Indianer-Häuptling. Dieser ausschließlich aus eleganten, stromlinienförmigen Sitzwagen bestehende Zug verband in einer 16stündigen Fahrt Norfolk mit Cincinnati. Schon drei Jahre nach ihrer Einführung 1946 wurden die Züge, die die Nummern 25 und 26 trugen, modernisiert: Neben den üblichen drei Sitz- und einem Speisewagen kam jetzt ein von Pullman-Standard gebauter Aussichtswagen mit Salonwagen-Einrichtung und Bar zum Einsatz, der mit seinem abgerundeten „boattail" immer am Schluß des Zuges lief.

Der *Powtan*, wie er abgekürzt genannt wurde, konkurrierte mit den *Daylights* der Southern Pacific und dem *Twentieth Century Limited* der New York Central um den inoffiziellen Titel des „besten Zuges Amerikas". Es war ein einzigartig schönes Bild, wenn er an einem Herbsttag durch die weite Ohio-Ebene eilte und die sonnenversengten Weizengarben zum Rascheln brachte. Warum, so argumentierte die Bahnverwaltung, sollten sich die Einwohner von Welch, West Virginia, das nicht so groß war wie Cleveland oder Chicago, mit weniger Luxus zufriedengeben, wenn sie sich auf eine Reise begaben?

In allen Leistungen der N&W kam der Stolz derer zum Ausdruck, die für die Bahn arbeiteten, aber keiner war so stolz auf seinen Beruf wie der Lokführer. In der Gemeinde, in der er lebte, galt er als Persönlichkeit. Er war, wie die roten, fünfeckigen Muster auf seinen Stulpenhandschuhen, ein „Star", und viele schauten zu ihm auf wie zu einem Hollywood-Schauspieler.

Für viele junge Männer, die von einem Leben auf den Schienen träumten, war der Lokführer ein Held, dem es nachzueifern galt. Die Eisenbahn brauchte noch immer Männer mit Rückgrat und Begeisterungsfähigkeit. Der Vorarbeiter L. H. Blankenship (bei Eisenbahnern nannte man die Initialien, nicht den vollen Namen) wollte als junger Mann um jeden Preis mit Dampflokomotiven arbeiten, so daß er jeden Morgen um 5 Uhr aufstand und die Kessel einer Gerberei in Narrows, Virginia, heizte. Der einzige Lohn dafür bestand in dem aufregenden Erlebnis, die Pfeife bedienen zu dürfen, die den Arbeitsbeginn ankündigte! In jener Zeit, als die Lokomotiven immer den gleichen Lokführer hatten und in der Besetzung noch nicht abgewechselt wurde, verbrachten die Lokführer ihre arbeitsfreien Tage damit, „ihre" Lokomotive zu polieren, die Kessel mit Öl auf Hochglanz zu bringen und Messingadler oder andere Wahrzeichen an den Scheinwerfern anzubringen. Die Tatsache, daß die Norfolk and Western ihre Lokomotiven (nahezu jede, die seit 1927 in Dienst gestellt wurde), in den eigenen Werkstätten baute, förderte dieses „besitzergreifende" Gefühl noch. Ein Lokführer der N&W, Thomas W. Goodwin aus Roanoke, nahm die Liebe zu „seiner" Lok sogar mit ins Grab. Sein letzter Wille war, daß eine Nachbildung seiner geliebten kleinen Lok 2-8-0 Nr. 227 der Reihe G, von einem Steinmetz in Granit gemeißelt, auf seinem Grabstein stehen sollte. Dieser Stolz war auch an den gut unterhaltenen Bahnstrecken der N&W zu erkennen. Der Unterbau der Hauptstrecken bestand aus einer 15 Zoll hohen Schicht Kalkstein-Schotter; es kamen Schienenprofile zum Einbau, die mit einem Gewicht von 131 Pfund pro Yard wesentlich schwerer waren als das sonst üblicherweise ver-

Der Elektriker-Gehilfe J. W. Dalhouse „Auge in Auge" mit Lok Nr. 127 der Reihe K2a, als er im Rundschuppen von Shaffers Crossing liebevoll ihren Scheinwerfer putzt.

wendete Gleismaterial. Schwächere Schienen hätten dem hohen Druck der schweren Kohlezüge in den Kurven nicht standgehalten.

Mehr als 5.000 Arbeiter waren bei der Norfolk and Western in der Streckenunterhaltung eingesetzt. Für ihre Arbeit standen ihnen stets die modernsten Fahrzeuge und Werkzeuge zur Verfügung. Einige Vorarbeiter veranlaßten die Männer ihrer Gruppe sogar, mittels einer gespannten Schnur den Schotter gleichmäßig auszurichten. Wem dies zu unwahrscheinlich klingt, sollte sich an den seit 1887 ausgetragenen Wettbewerb erinnern, bei dem anläßlich einer jährlichen Streckeninspektion im Oktober Geldpreise ausgesetzt waren. Dieser Wettbewerb wurde in sechs Disziplinen ausgetragen, wobei u.a. der Oberbau, der Unterbau, die Gräben entlang der Strecke, Weichen und Kreuzungen, Bahnhofsanlagen und Bahnübergänge beurteilt wurden. In der Begeisterung für ihren Arbeitgeber gingen manche soweit, Büsche oder Blumenreihen so anzuordnen, daß sie das Firmenzeichen „N&W" bildeten; ein Bahnhof war in seiner vollen Länge mit einem Blumenkasten geschmückt.

Für die N&W „in Dienst zu stehen", wie das Arbeitsverhältnis genannt wurde, stellte schon eine Belohnung an sich dar. Die meisten Angestellten der N&W haben niemals einen Lohnscheck von einem anderen Arbeitgeber erhalten. Der Zugführer G. S. Stanley fuhr mehr als eine Million Meilen auf den Personenzügen zwischen Roanoke und Winston-Salem. W. P. Bugg verbrachte 62 Jahre, 10 Monate und 16 Tage als Angestellter im Endbahnhof von Norfolk.

Pensionierte Eisenbahner wurden einmal jährlich von der Bahn zu einer gemeinsamen Reise eingeladen. Per Sonderzug mit Schlafwagen machten sie dann Ausflüge nach Virginia Beach, zum Lakeside Amusement Park in Salem oder nach Coney Island in Cincinnati. Das schönste Ereignis in der Karriere eines jeden N&W-Angestellten, der stolz sein fünfzigjähriges Dienstjubiläum feierte, war die Auszeichnung mit der „Diamond Insignia" im Büro des Präsidenten durch den Veteranenverband der Eisenbahner.

Die Norfolk and Western war eine Gesellschaft, in der sich viele den Weg nach oben „durch die Ränge" erarbeitet hatten. Präsident R. H. Smith begann als Vermessungsgehilfe während der College-Sommerferien. Der Vorsitzende des Direktoriums, W. J. Jenks, arbeitete als Telegraf, und der Geschäftsführer C. H. Tabor fing als „water boy" an (als Wasserholer eingesetzte Jungen in Gegenden ohne Wasserleitung).

Jeder Mitarbeiter, ob Streckenarbeiter in Stone, Kentucky, ob Kesselschmied in Bluefield, West Virginia, oder Bahnhofsvorsteher in Ashville, Ohio, hatte eine Stimme bei den Wahlen des „Vereins für besseren Service", der jährlich Delegierte für die „Konferenz für besseren Service" wählte.

Es gab viele Familien, die der N&W über mehrere Generationen hinweg dienten. Die Familie James (Großvater William, Sohn Edward und Enkel W.R.) hielt einen Rekord vom Jahr 1866 bis in die fünfziger Jahre unseres Jahrhunderts hinein: Großvater William war 1866 von General Mahone als Heizer bei der Norfolk and Petersburg eingestellt worden. Ganze Haushalte arbeiteten bei der N&W, wie die sechs Spangler-Brüder aus Peterstown, West Virginia, oder die sieben Cromer-Brüder aus Roanoke. In einer anderen Familie, den Kegleys, waren alle Berufe vertreten, die nötig waren, um einen Güterzug komplett zu besetzen: Zugführer, Lokführer, Heizer und zwei Bremser; es gab, verstärkt durch einige Vettern, tatsächlich einmal eine komplette Kegley-Mannschaft auf der North Carolina Branch. Und es entstanden auch Familien durch die N&W. Hier ein solcher Fall: Mr. und Mrs. T. A. Draper, ein Ehepaar aus dem Clinch Valley, die als Telegrafen in den

Bahnhöfen Richlands und Toms Creek in jeder freien Minute telegrafisch miteinander flirteten und sich so kennenlernten.

Doch das Gefühl, zu einer richtigen „Familie" zu gehören, ging weit über verwandtschaftliche Bindungen hinaus. Von einem Endpunkt der Bahn zum anderen, vom Zugausrufer in Clare, Ohio, bis zu den Arbeitern im Hafenbahnhof von Lamberts Point, wo die Selbstentladewagen ihre schwarzen Lasten in die hungrigen Ladeluken der Kohleschiffe schütteten, gab es keine zwei Angestellten, die nicht einige gemeinsame Bekannte hatten. Und ihre Beziehungen wurden durch die Artikel-Serie „Die Leute entlang der Bahnlinie" in dem 1923 gegründeten *Norfolk and Western Magazine* noch verstärkt. Aus diesem Gefühl der Verbundenheit mit der Eisenbahn wuchsen die Höflichkeit und die Freundlichkeit, die zu einem Markenzeichen der N&W wurden. Zugführer R. Tucker Bowles von der Norfolk Division war beispielsweise dafür bekannt, „immer eine Rose zu tragen und ein Lächeln auf den Lippen zu haben", und es gab kaum eine Ausgabe des Firmenmagazins, in der nicht irgendein Reisender den sympathischen Gepäckträger Willie Dillard in einem Leserbrief lobend erwähnte. Die Bahngesellschaft wurde von Protestbriefen überflutet, als der Dienstplan von Lokführer Alonzo Carter geändert wurde, der, wenn er mit dem *Powhatan Arrow* bei Schulschluß in den Bahnhof von Lynchburg einfuhr, den Aufenthalt zum Verteilen von Kaugummi an Kinder der Sonntagsschule nutzte.

Die Eisenbahn galt in der Region, die sie versorgte, als „guter Nachbar". Mit ihrer Hilfe wurden die sechs Staaten (Maryland, Virginia, North Carolina, West Virginia, Kentucky und Ohio), zum „Land des Überflusses"; zu einem Gebiet mit großen Möglichkeiten für die Industrie – und zum Leben. In den meisten Bezirken entlang der Strecken war die N&W der größte Steuerzahler, darunter allein in 37 Bezirken Virginias. Die Bahn wuchs Hand in Hand mit den Gemeinden, die der N&W ihr Dasein verdankten: Roanoke war vorher nicht mehr als „a salt lick" (Salzlecke), Bluefield eine azurblaue Wiese und Williamson ein Kornfeld gewesen. Bevor die Gleise der N&W gelegt wurden, war kaum die Rede von Crewe, Ironton oder Circleville.

Die Eisenbahngesellschaft erkannte die Vorteile dieser Partnerschaft und drängte deshalb ihre Angestellten, am öffentlichen Leben teilzunehmen. Sie war auch sofort zur Stelle, wenn die Gemeinden einmal Hilfe brauchten. Als 1954 die Wasserversorgung von Williamsburg, Ohio, zusammenzubrechen drohte, beförderte die N&W täglich 9.000 Gallonen Wasser in die Stadt, solange, bis keine Versorgungsschwierigkeiten mehr bestanden. Umgekehrt evakuierte die N&W Flüchtlinge aus Kenova und Portsmouth, als die Flut von 1937 das Ohio Valley überschwemmte. In den frühen Morgenstunden des 28. August 1950 schickte sie kurz entschlossen und unbürokratisch Lok Nr. 475 der Klasse M (4-8-0) zur Clover Creamery Company, einer Molkerei in Roanoke, weil dort ein Dampfkessel ausgefallen war.

Für diejenigen jedoch, die entlang der Eisenbahnstrecke in entfernten Berghütten, in ländlichen Farmhäusern im Süden Virginias oder im südwestlichen Ohio oder in den Kohlefeldern West Virginias lebten, war die N&W mehr als nur eine Eisenbahngesellschaft. In solchen Gebieten ist die Eisenbahn mehr als sonstwo ein Bestandteil des täglichen Lebens. Seit die ersten „Teekessel-Maschinen" Kühe zum Ausreißen und Hunde zum Bellen gebracht hatten, gehört die Vorbeifahrt der Züge ebenso zum Alltag wie das Krähen des Hahnes oder das Sprechen des Tischgebets. („Ich höre Zug Nr. 4 am Bahnübergang der Straße nach Belspring pfeifen! Kinder, beendet euer Frühstück und macht euch auf den Weg zur Schule!").

Ganz gleich, ob durch das Winken eines freundlichen Lokführers oder durch das zweimalige Aufleuchten der Lampe an einer Veranda in der Nacht, das von der Lok sofort mit einem fröhlichen Pfeifkonzert beantwortet wird: Es gibt eine unausgesprochene Verständigung zwischen Zugpersonal und Landbevölkerung. Eine ältere Witwe, Frau H. C. Chrisman, die 60 Jahre lang durch ihr Küchenfenster die nicht endenwollende Parade der den Christiansburg Mountain hinaufschnaufenden Lokomotiven beobachtete, faßte ihre Empfindungen so zusammen: „Ich bin niemals allein, nicht mit all den Menschen und Zügen, die Tag und Nacht an meiner Haustür vorüberfahren."

Landbewohner, die in unmittelbarer Nähe der Strecken leben, nehmen Anteil am sicheren Betriebsablauf. Sie halten Ausschau nach Heißläufern, verschobenen Ladungen oder anderen Unregelmäßigkeiten, die sie dem Zugführer in der am Zugschluß laufenden „Caboose" in Zeichensprache übermitteln. Das Aneinanderreiben der Hände weist auf eine feste Bremse hin, eine zugehaltene Nase ist das Zeichen für einen Heißläufer im Zug. Die Caboose-Mannschaften schätzen diese Art der Betriebsüberwachung sehr und kümmern sich ihrerseits um die entlang der Strecke wohnenden Leute. Für Mr. und Mrs. Wiliam Lambert in Oakvale, West Virginia, war es Lokomotivführer R. H. Thompson, der am Morgen des 12. Dezembers 1958 mit dem zweiten Teil des Zuges Nr. 16 anhielt und auf ihr brennendes Haus zustürzte, um sie herauszuholen, während Heizer J. W. Connor sie mit der Dampfpfeife seiner Lok weckte. Die Eisenbahner ließen auch die Streckentelefone unverriegelt, so daß die Bewohner einsamer Gegenden in Notfällen anrufen konnten.

Obwohl die N&W keine besonders große Bahngesellschaft war (es gab 27 Gesellschaften mit einer größeren Streckenlänge), galt sie als mustergültiges Beispiel für die Eisenbahn in den USA schlechthin. Aus diesem Grund wurde sie oftmals für Werbekampagnen ausgewählt, die die Association of American Railroads veranstaltete. Und sie ist auch nach dem Zusammenschluß zur Norfolk & Southern immer noch ein Gewinn erwirtschaftendes Unternehmen. Bis 1964 Tochtergesellschaft der Pennsylvania Railroad, konnte die N&W stolz darauf sein, mit die niedrigsten Betriebskosten und gleichzeitig die höchsten Transportleistungen pro Güterzug zu haben – und das mit Dampflokomotiven! So konnte den Aktionären seit 1901 jährlich eine stattliche Dividende gezahlt werden.

Nachdem er O. Winston Link diese groben Umrisse der Geschichte der Eisenbahn und einiges von deren Geist und Idealen dargelegt hatte, stellte ihn Ben Dulaney dem Präsidenten R. H. Smith vor, um dessen endgültige Zustimmung zum Fotoprojekt einzuholen. Smith war ein Gentleman der alten Schule, der seine Eisenbahn auf das genaueste kannte und mit dem man keinen Termin für ein Gespräch verabreden mußte.

Robert Hall Smith III., der aus Baltimore stammte, hatte nach der Abschlußfeier der Princeton-Universität, für die er übrigens im ersten Achter gerudert war, zum Präsidenten seines Jahrgangs gesagt: „Ich werde einmal Präsident einer Eisenbahngesellschaft." Sein Freund und Klassenkamerad Arthur Maher, dessen Vater N. D. Maher Geschäftsführer und später Präsident der Norfolk and Western war, ermöglichte es Smith, erstmals 1910 bei der Gesellschaft arbeiten zu können. Er erklomm beharrlich die Erfolgsleiter: Zunächst war er Bauinspektor, dann Assistent des Streckenmeisters, später selbst Streckenmeister, bevor er als Assistent des Leiters der Pocahontas Division in die Betriebsleitung wechselte. Sein Aufstieg ging kontinuierlich weiter. Er wurde Leiter der Radford Division, Geschäftsführer und Vizepräsident der Eastern und

Western General Division, dann Geschäftsführer, Vizepräsident und schließlich 1946 Präsident der N&W.

Wegen seines äußerst langen Schritts wurde er von seinen Kollegen „Rennpferd" genannt. Man sagte, er habe jede Meile des N&W-Schienennetzes selbst abgelaufen. Während des 2. Weltkrieges überraschte er eine Gruppe von Beamten, die er zum Bahnhof von Roanoke beordert hatte, um eine Reise ins 101 Meilen entfernte Bluefield anzutreten, mit dem Vorschlag, die Strecke zu Fuß zu bewältigen! Die Herren, die damit gerechnet hatten, in einem gediegenen Salonwagen zu fahren, waren festlich gekleidet und trugen an diesem heißen Sommertag weiße Leinenanzüge. Der Zweck der einwöchigen Reise, verkündete Smith der überraschten Delegation, sei das Einsammeln von Alteisen entlang der Bahnstrecke im Rahmen einer Metall-Sammel-Aktion für Kriegszwecke. Außerdem könne man so bestens den Oberbau der Eisenbahnstrecke kennenlernen! Bei einer anderen Gelegenheit, Smith war mit seinem persönlichen Sekretär Myron Decker unterwegs, entschloß er sich im Bahnhof von Atkins, Virginia, nicht auf den nächsten Zug zu warten, sondern die 5 Meilen bis Marion, dem nächsten Bahnhof, zu Fuß zurückzulegen. Smith, der groß und schlank war, fand schnell seinen Laufrhythmus und bewältigte mit jedem Schritt zwei Schwellen. Am Ziel sagte er zu Decker, der, wesentlich kleiner als Smith, ständig über den Schotter gestolpert war: „Nun, ‚Deck', das war doch ein herrlicher Spaziergang!" Schwitzend und keuchend antwortete Decker: „Sir, es mag vielleicht für Sie ein schöner Spaziergang gewesen sein, für mich war es ein höllisch langer Lauf."

Smith nahm kein Blatt vor den Mund, wenn es um Geschäfte für die Bahngesellschaft ging. Und er hatte eine Schwäche für unangemeldete Besuche und Kontrollen. Eines Nachts, als er noch Streckenmeister bei der Radford Division war, kontrollierte er unvorhergesehen einige Streckenläufer, deren Aufgabe es war, mehrere kurze Tunnels bei Shawsville, Virginia, vor Durchfahrt der Züge auf Erdrutsche und Steinschläge hin zu überprüfen. Er fand die Arbeiter schlafend vor und beschlagnahmte ihre Laternen, die zu ihrer Bestürzung später als Beweisstücke bei einer Anhörung dienten, auf die Disziplinarstrafen folgten.

Trotz seiner energischen Art suchte und fand R. H. Smith stets menschliche Nähe. Er verbrachte soviel Zeit wie irgend möglich an der Strecke, übernachtete in Bauzugwagen, aß zusammen mit den Arbeitern und lernte so ihre Meinungen und Probleme kennen. Er vertrat den Standpunkt, daß „Höflichkeit das Öl ist, das die Räder des gesellschaftlichen Lebens in Bewegung hält und daß gute Manieren eine gute Atmosphäre erzeugen". Er war überzeugt davon, daß eine Gruppe von Arbeitern, deren Kontakt zueinander durch gutes Benehmen und somit durch eine angenehme Atmosphäre geprägt ist, eine Mannschaft sein wird, die gute Arbeit leistet.

Aus diesen Gründen entschied er sich auch für ein Büro im alten, gleisnahen Gebäude der Hauptverwaltung in Roanoke und nicht für ein Penthouse im achten Stock eines nahegelegenen Neubaus. Hier konnte er auf die vorbeifahrenden Personenzüge schauen; und die Lokmannschaften, die sich aus den Führerhäusern lehnten, grüßten mit ihren Mützen winkend zu ihm herauf.

Präsident Smith begrüßte Links Vorhaben sofort und versprach, dafür Sorge zu tragen, daß ihm entlang der Strecke jede nur mögliche Unterstützung gewährt werden würde. Link bekam nur zwei Warnungen mit auf den Weg: „Seien Sie vorsichtig und fotografieren Sie keine schwarz qualmenden Lokomotiven, weil – wie ein Slogan auf jedem Tender der Norfolk and Western erklärt – ‚schwarzer Rauch Verschwendung bedeutet'."

Während der nächsten paar Monate bereiste Link das gesamte Streckennetz der N&W, das mittlerweile 267 Mal länger war als das der alten City Point, mit der alles begonnen hatte. Jeweils vom letzten Wagen aus machte er sich Notizen über geeignete Fotostellen und fand schließlich die Plätze, an denen er das nächtliche Schauspiel der Dampflokomotiven einfangen wollte. O. Winston Link machte sich mit mehr Enthusiasmus an die Arbeit als ein neues Mitglied der Freiwilligen Feuerwehr; und seit er Roanoke gesehen hatte, war er noch zusätzlich motiviert. Und er wußte, daß er sich beeilen mußte, denn diese letzte Hochburg der Dampflokomotive sollte schon in Kürze ihre ersten Dieselloks bekommen.

Die Norfolk and Western, die Link kennenlernen würde, war mehr als nur eine Summe aus 2.100 Meilen Gleisen, Tunnels, Signalen, Werkstätten, Bahnhöfen und Büros. Sie bestand nicht zuletzt auch aus der Kraft und dem Geist der 21.000 treuen und pflichtbewußten Mitarbeiter der Bahn, die dazu aufgerufen waren, die beste Eisenbahn der Nation zu schaffen – „Präzisionstransport", wie sie stolz sagten.

Rechts: Kein ambitionierter Eisenbahnfotograf konnte jemals widerstehen, die Treibräder einer Dampflokomotive abzulichten. Auch Link machte da keine Ausnahme, wie diese Triebwerksaufnahme der 4-6-2 Lok Nr. 578 der Reihe E2a im Lokschuppen von Bluefield beweist.

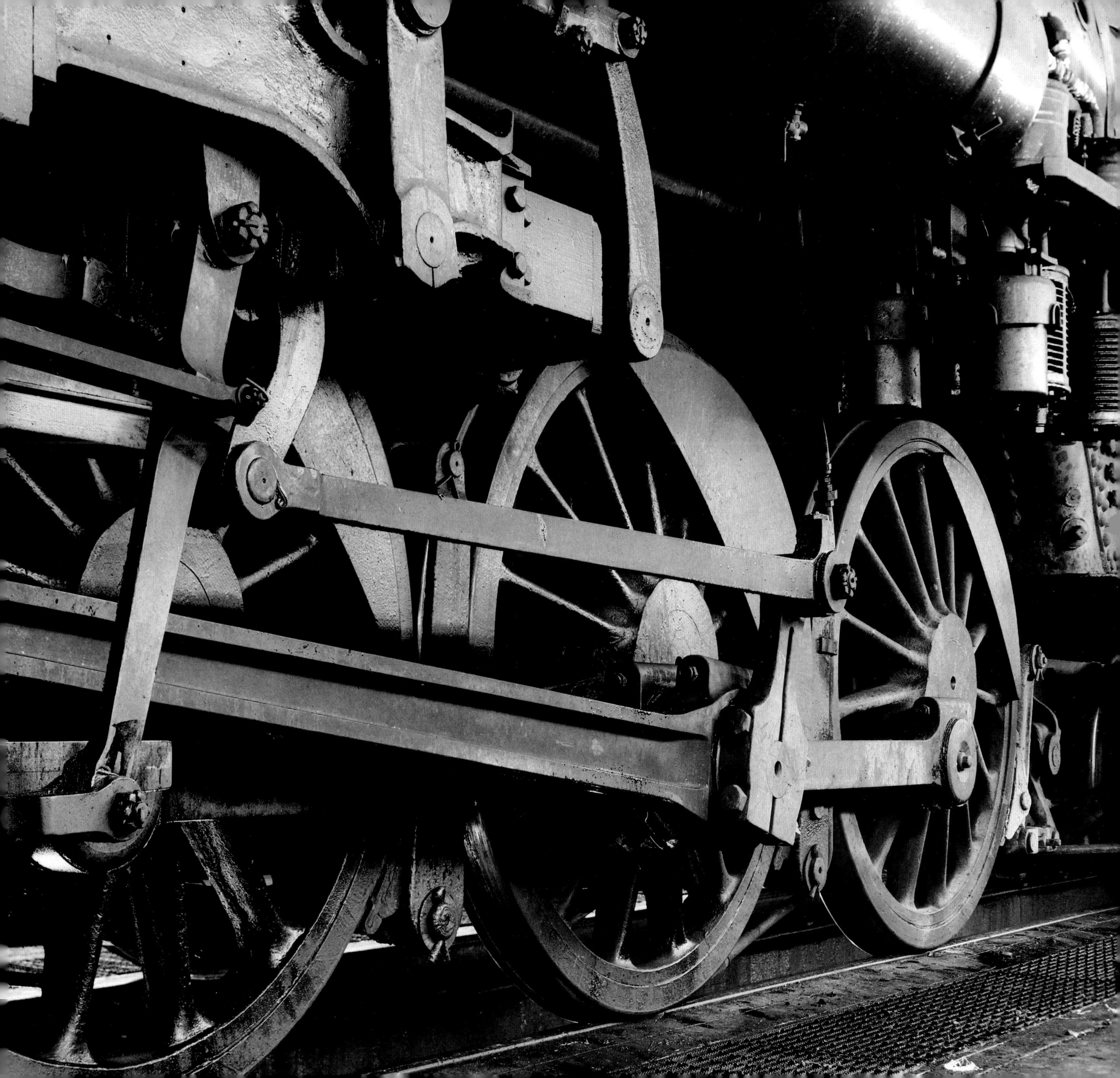

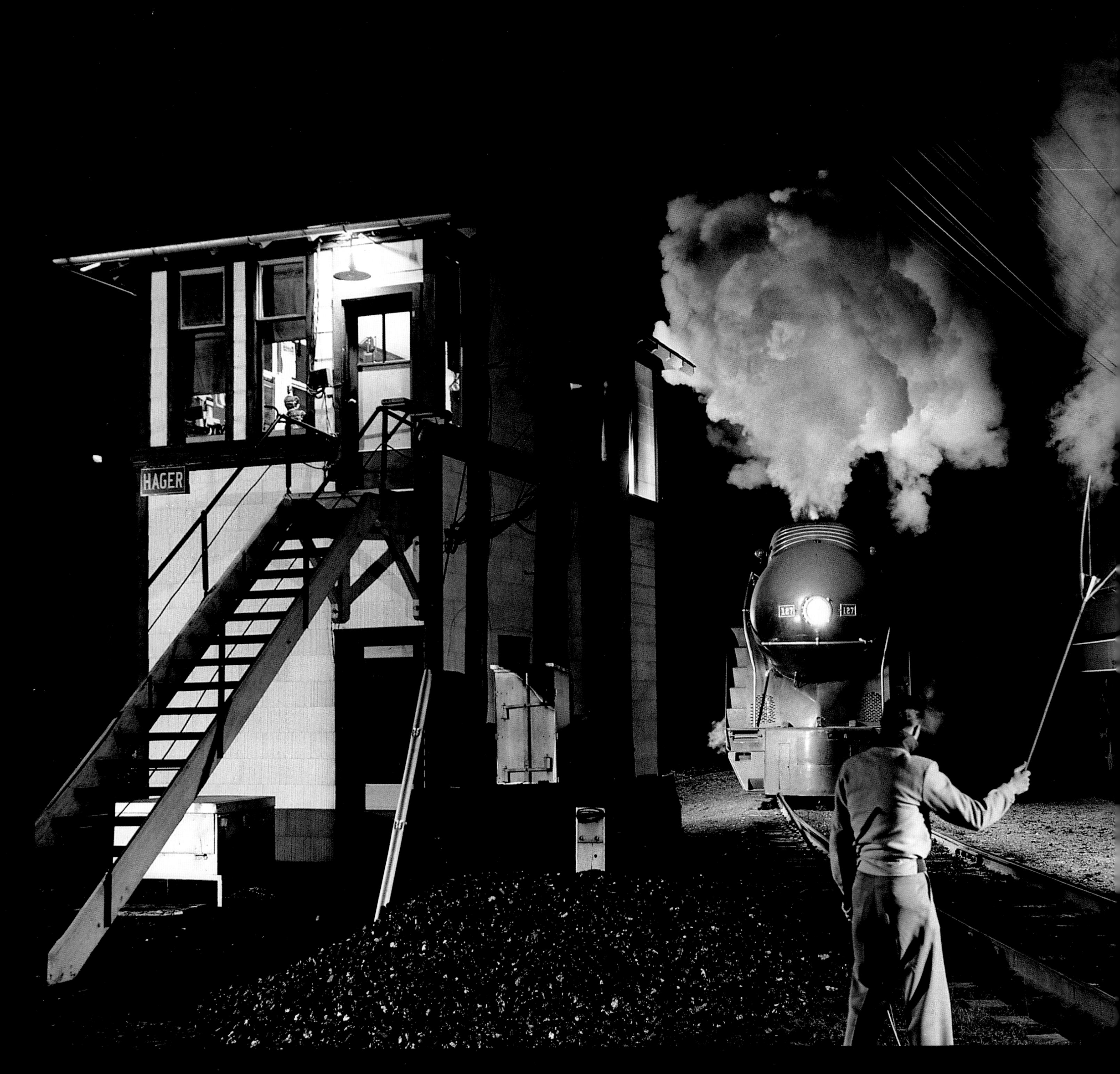
HAGER
127
127

Nachdem Winston Link mehrere Reisen zu den Einrichtungen und Anlagen der N&W im Raum Roanoke und einige „Pilgerfahrten" westwärts entlang der Hauptstrecke nach Bluefield unternommen hatte, begann er sich fotografisch auf die 238 Meilen lange Strecke durch das Shenandoah Valley zu konzentrieren, die von Hagerstown, Maryland, in südlicher Richtung bis Roanoke führte. Diese Strecke war aber nicht nur die seinem Wohnort New York am nächsten gelegene, sondern auch jene, die als erste N&W-Strecke verdieselt werden sollte – Link hatte also allen Grund, hier seine Arbeiten zu beginnen.

3
Rauch zieht durch das Tal

Die Geschichte der Bahnlinie durch das Shenandoah Valley reicht ins Jahr 1870 zurück. In jenem Jahr wurde diese Verbindung, die die drei Staaten Maryland, Virginia und West Virginia berührt, genehmigt. Mit der Shenandoah Valley Railroad sollte ein Gebiet erschlossen werden, das reich an Farmland und an Eisenerzvorkommen war. Dennoch dauerte es bis zum Mai des Jahres 1882, bevor die letzten Gleise der 238 Meilen langen Strecke verlegt werden konnten. Mit einem Sonderzug wurde am 18. Juni des selben Jahres der Betrieb auf der gesamten Strecke aufgenommen.

Die Shenandoah Valley Railroad florierte, doch

Hagerstown Junction: Albert Blair hat sein Stellwerk verlassen, um dem Lokführer von Zug Nr. 1 mittels der bereits bekannten Gabel einen Auftrag zu übergeben – in dieser frühmorgendlichen Szene befindet sich der Zug auf der Fahrt in Richtung Shenandoah Valley – Roanoke. Aus dem Führerhaus der Schwesterlok Nr. 129, ebenfalls Reihe K2a, winkt Heizer R. N. Good grüßend heraus.

1884 wurde die Nation wieder von einer Wirtschaftsdepression getroffen, von der auch die Bahngesellschaft erfaßt wurde, so daß sie ein Jahr später Konkurs anmelden mußte. Erst nach 5 Jahren, im September 1890, konnte die Sanierung der Gesellschaft mit der Gründung der Shenandoah Valley Railway (SVR) abgeschlossen werden. Doch bereits nach drei Monaten wurde die SVR mitsamt ihrem Schienennetz, 48 Lokomotiven, 29 Reisezugwagen, 961 Güterwagen und vielen anderen Vermögenswerten auf den Treppen des Rathauses von Roanoke versteigert. Am 15. Dezember 1890 ging die Bahn für den stolzen Preis von 7.100.000 Dollar in den Besitz der Norfolk and Western über.

Nach der Übernahme durch die N&W wurde die Strecke unter der Bezeichnung Maryland and Washington Division eine wichtige Verbindung für den Güterverkehr zwischen New England, anderen nördlichen Staaten und dem Süden.

Nachdem 1881 die Eisenbahn-Einrichtungen aus Sheperdstown, West Virginia, abgezogen worden waren, lag der Betriebsmittelpunkt der Bahn in der kleinen, aber geschäftigen Eisenbahnerstadt namens Shenandoah, Virginia, die nach den Aufzeichnungen von 1950 1.903 Einwohner zählte. (Bis 1889 hieß die Ortschaft Milnes, zu Ehren von William Milnes jr., der die „Shenandoah Iron Works" gegründet hatte.) Hier wurden das Lok- und Zugpersonal gewechselt, Wagen eingesetzt, Lokomotiven gewartet und auch Werkstattarbeiten durchgeführt.

1905 erhielt das Streckenstück zwischen Roanoke und Hagerstown die offizielle Bezeichnung Shenandoah Valley Line. Die Eisenbahner, die hier arbeiteten, nannten es schlicht „The Valley" – das Tal. In den ersten Betriebsjahren erfreute sich die Strecke eines regen Personenverkehrs. Touristen kamen in großen Scharen, um die landschaftlichen Anziehungspunkte wie „Natural Bridge" und die „Caverns of Luray" zu besuchen oder um in stillem Gedenken die Schlachtfelder von Antietam aus der Zeit des Bürgerkrieges aufzusuchen. Mit der Zunahme des Autoverkehrs verlor der Personenverkehr auf der Shenandoah Valley-Line jedoch schon in den 20er Jahren einen großen Teil seiner Bedeutung, wurde aber von der N&W mit Stolz aufrechterhalten. Bis zum großen Börsenkrach gab es ein Personenzugpaar zwischen Shenandoah und Hagerstown und zwei durchgehende Züge in jeder Richtung mit Pullman-Schlafwagen, sowie Speise- und Salonwagen der N&W zwischen Roanoke und New York, wobei Strecken der Pennsylvania Railroad mitbenutzt wurden.

Diese beiden Zugpaare hielten sich bis in die frühen 50er Jahre. Das Verkehrsaufkommen war, bedingt durch die vielen Schulen, Militärakademien und Colleges entlang der Strecke, saisonal sehr unterschiedlich. Als Link begann, die Dampfloks bei der N&W zu fotografieren, war das tagsüber verkehrende Zugpaar (13/14) bereits eingestellt worden. So blieben als letzte Reisezüge im Shenandoah Valley die beiden Nachtzüge Nr. 1 und 2 übrig. Für die Bevölkerung entlang der Strecke waren diese Züge seit mehr als 70 Jahren zu einer festen Einrichtung geworden.

Der Reisezugverkehr endete auf dieser Strecke im Februar 1963, als die beiden dieselbespannten Züge Nr. 1 und 2, die mittlerweile ohnehin nur noch zwischen Waynesboro und Roanoke verkehrten, eingestellt wurden. Aber noch heute erzählen einige der älteren Bewohner entlang der Bahnlinie von dem Vergnügen, nach dem Abendessen auf der Veranda zu sitzen und dem dampfbespannten Zug Nr. 2 zuzuhören, der durch das Tal heraufkam und dessen markantes Pfeifen nach einem sanften Sommerregen schon über weite Entfernung zu hören war.

Der Güterverkehr auf der Strecke entwickelte sich hingegen weiter. Im Tal wurden die verschiedensten Wirtschaftszweige bedient: Holzveredler, Hersteller von Kunstseide, pharmazeutische Firmen und Kalksteinbrüche. Hinzu kam ein starker Saisonverkehr, der mit der Apfel- und Pfirsichernte einsetzte. Außerdem wurden das ganze Jahr über Transporte für Geflügelfarmen und Viehzucht-Betriebe, Gerbereien und Getreidemühlen abgewickelt. Am südlichen Ende der Strecke fuhren mehrmals täglich mit Rangierloks bespannte Züge von Roanoke zu einem großen, an der Nebenstrecke nach Cloverdale gelegenen Zementwerk.

Die größten Verkehrsleistungen auf der Shenandoah Valley Line wurden während des 2. Weltkrieges erreicht. Kohle und Öl wurden oft ausschließlich auf dem Schienenweg transportiert, da deutsche U-Boote ständig Frachter versenkten, die entlang der Atlantikküste nach Norden fuhren. Dies führte zu einem Anstieg von durchschnittlich 15.000 Wagen monatlich vor dem Krieg auf die höchste jemals erreichte Zahl von 53.952 Wagen im März 1943. Die größte Bedeutung hatte zwar weiterhin der Kohletransport, vom 1. Januar 1943 bis zum 29. Februar 1944 rollten aber auch insgesamt 20.000 mit Öl beladene Kesselwagen durch das Tal. Daraus resultierte eine tägliche Streckenbelegung mit 36 Güterzügen, jeder über 5.000 Tonnen schwer. In Friedenszeiten waren es hingegen nur 16 Züge.

Um diesen drastischen, kriegsbedingten Verkehrszuwachs bewältigen zu können, mußte ein Engpaß beseitigt werden, der zwischen Vesuvius und Cold Spring entstanden war. Zwischen diesen beiden Ortschaften gab es eine starke Steigung, die nur eingleisig trassiert war, so daß die schnelleren Züge in umgekehrter Richtung durch die schweren, über Lofton Hill nordwärts fahrenden Kohlezüge behindert wurden. Um dieses Problem zu lösen, wurde 1943 beschlossen, die 10½ Meilen zwischen Vesuvius und Cold Spring zweigleisig auszubauen. Außerdem wurde in Lofton ein Gleisdreieck eingebaut, das den Schiebeloks eine Wendemöglichkeit gab.

Die Shenandoah Valley-Line, der nördliche Teil der Shenandoah Division, begann in Hagerstown Junction. Von hier aus wurden die Meilensteine entlang der Strecke in Richtung Roanoke numeriert. In Hagerstown stand auch das Stellwerk Hager Tower, von dem aus der Übergang von Zügen von und nach Western Maryland und Pennsylvania überwacht wurde. Hager Tower, 1863 in Betrieb genommen, war das älteste Stellwerk der N&W, die im Laufe der Zeit rund 60 solcher Einrichtungen besessen hatte. Südlich dieses Kreuzungspunktes lag der Verschiebebahnhof Vardo, eine Anlage mit elf Aufstellgleisen, einem Rundlokschuppen und einer Wagen-Werkstatt. Die Anlage befand sich im Besitz der N&W, wurde aber von der Pennsylvania Railroad unterhalten und betrieben.

Südlich von Vardo durchlief die Shenandoah Valley-Line das breite Cumberland Valley, anschließend liefen die Gleise auf das weite Becken des Shenandoah Valley zu, südlich des Potomac River und unterhalb von Sheperdstown gelegen. Von Riverton, Virginia, bis Vesuvius führte die Strecke auf einer Länge von rund 100 Meilen an der südlichen Gabelung des Shenandoah Rivers entlang. Von Glasgow bis Buchanan folgte sie dem in die Geschichte eingegangenen James River. Hinter Buchanan verengte sich das große Tal, und den größten Teil der letzten 25 Meilen bis Roanoke wand sich die Eisenbahn durch enge Kurven in der hügeligen Landschaft mit ihren kleinen Schluchten und Bächen.

Als Winston Link sein N&W-Fotoprojekt begann, bereiste er die gesamte Shenandoah Valley-Line und andere Abschnitte von Bahnlinien der N&W, um interessante Fotostandpunkte zu erkunden. Schon früh entschloß er sich, den Schwerpunkt seiner Tätigkeit auf die gebirgigen Streckenabschnitte zu verlegen, wo alles dicht an der Bahnstrecke lag. Außerdem bevorzugte er Teilstücke mit einer großen Verkehrsdichte, um in der ihm zur Verfügung stehenden Zeit möglichst viele Züge fotografieren zu können. Er verzichtete sowohl auf Aufnahmen von den flacheren Streckenabschnitten, wo sich die Züge durch unwegsames Gelände schlängelten, als auch auf Fotos von den westlichen Abschnitten der Bahn, die nichts Besonderes boten und ihm zu weit von seiner Heimat New York entfernt lagen.

Ein anderer Grund dafür, daß Link die Shenandoah Valley-Line bevorzugte, war seine Freundschaft zu Walter Finney, einem Lokführer, der im Reisezugdienst zwischen Roanoke und Shenandoah fuhr. Finney gehörte zu den Menschen, die sich keine Sorgen wegen der Nichteinhaltung der N&W-Dienstvorschrift Nr. 587 machten, die besagte, daß ein Lokführer „einer unberechtigten Person die Mitfahrt auf der Lokomotive nicht gestatten darf". Link wußte, daß er für eine Mitfahrt nur ins Führerhaus des mürrisch wirkenden Eisenbahn-Veteranen klettern mußte.

Die Shenandoah Valley-Line der N&W war eine erstklassige Eisenbahnstrecke und die Männer, die auf ihr arbeiteten, waren in jeder Hinsicht Profis. Nicht einmal der Schneesturm, der am 7. März 1932 im Tal wütete, 32 Zoll tiefen Schnee hinterließ und alle Nachrichtenverbindungen unterbrach, konnte verhindern, daß diese Männer den Zugverkehr aufrecht erhielten. 1949 konnte die Shenandoah Division den besten Sicherheitsbericht in der Geschichte der N&W vorlegen: Auf 2.225.000 Arbeitsstunden kam nur eine einzige Verletzung, und als Link seine Foto-Arbeiten entlang der Strecke beendete, waren seit dem letzten tödlichen Unfall auf der Shenandoah Valley-Line am 1. Januar 1944 13 Jahre vergangen.

Was Link jedoch am meisten beeindruckte, war die Freundlichkeit der Eisenbahner und der Menschen, die entlang der Strecke lebten. Jeder interessierte sich für Links Arbeit, und alle halfen ihm und seinen Helfern so gut wie nur irgend möglich.

Von Walter Finneys Kaffee, der sie in vielen kalten Nächten, die sie am Ufer des Maury River verbrachten, aufwärmte, bis hin zu den Brathähnchen, die in Hester Fringers Haus in Lithia auf sie warteten, wurde ihnen überall Gastfreundschaft entgegengebracht. Die *Page News and Courier* veröffentlichte einen Artikel über Links Arbeit. Man war allerdings weniger von seinem großartigen Projekt selbst beeindruckt, als vielmehr von der Tatsache, daß er ohne Bezahlung arbeitete. Selbst Menschen, die für ihre Dienste bezahlt wurden, wie z.B. Miss Zenobia als Eigentümerin des Luray Motels, behandelten Link und seine Mitarbeiter wie berühmte Persönlichkeiten.

Link fühlte, daß ihm im „Valley" die besten Aufnahmen gelungen waren, die er je an N&W-Strecken machen würde. Und das war gut so, denn am 20. Februar 1957 endete der Dampfbetrieb auf diesem Abschnitt, als die K2a Nr. 129 den Zug Nr. 1 nach Roanoke zog. Link war nun gezwungen, sich an anderen Bahnlinien der Norfolk and Western umzusehen, um die Epoche der Dampflokomotiven in unvergänglichen Bildern festzuhalten.

Rechts: „Solitude" – dieses englische Wort für Abgeschiedenheit beschreibt genau das Gefühl der Einsamkeit an diesem abgelegenen Bedarfshaltepunkt unter den Sternen.

SOLITUDE

Die K2a Nr. 130 rollt rückwärts am Stellwerk Hager vorbei. Die Lok kommt aus dem Rundschuppen der Western Maryland, wo die Reisezugloks der N&W gewartet wurden, und fährt nun in den Bahnhof der Pennsylvania Railroad in Hagerstown, um dort den Zug Nr. 1 zu übernehmen.

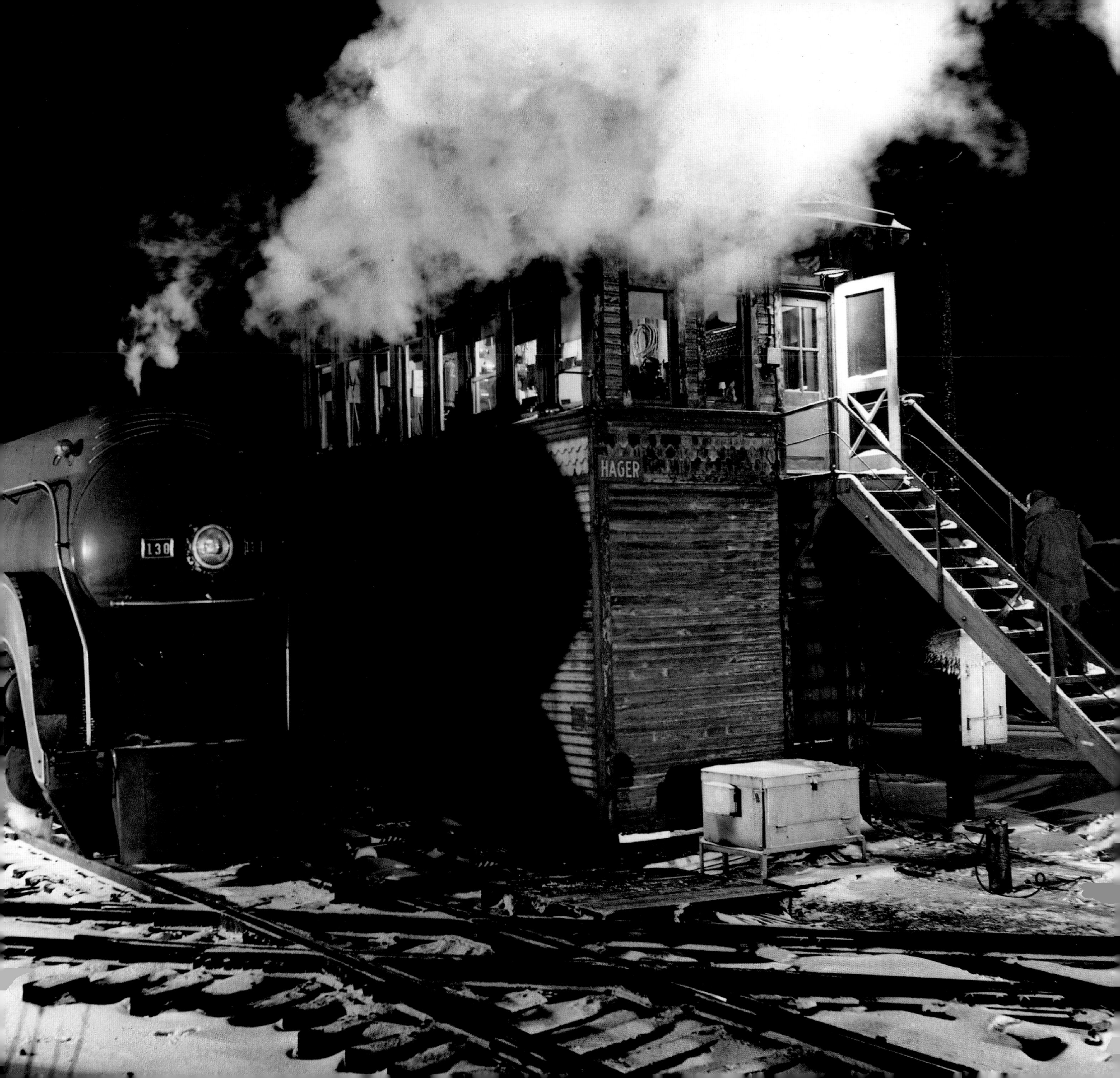
130
HAGER

Oben: Im Hager Tower zeigt Miller Ruth jene Hebel, mit deren Bedienung er seinen Lebensunterhalt verdient.

Rechts: Lehrlingsausbildung bei der N&W: W. J. Smith, ganz rechts, erklärt J. H. Shank, auf dem Drehstuhl sitzend, die Zuglaufüberwachung. Schließlich sind vom Hager Tower aus drei Strecken zu überwachen, die in den Bahnhof münden. C. E. Nonemaker, ein Bediensteter der Pennsylvania Railroad, und J. E. Burke, der sich von seiner Western Maryland-Verschublok hierher geflüchtet hat, beob-

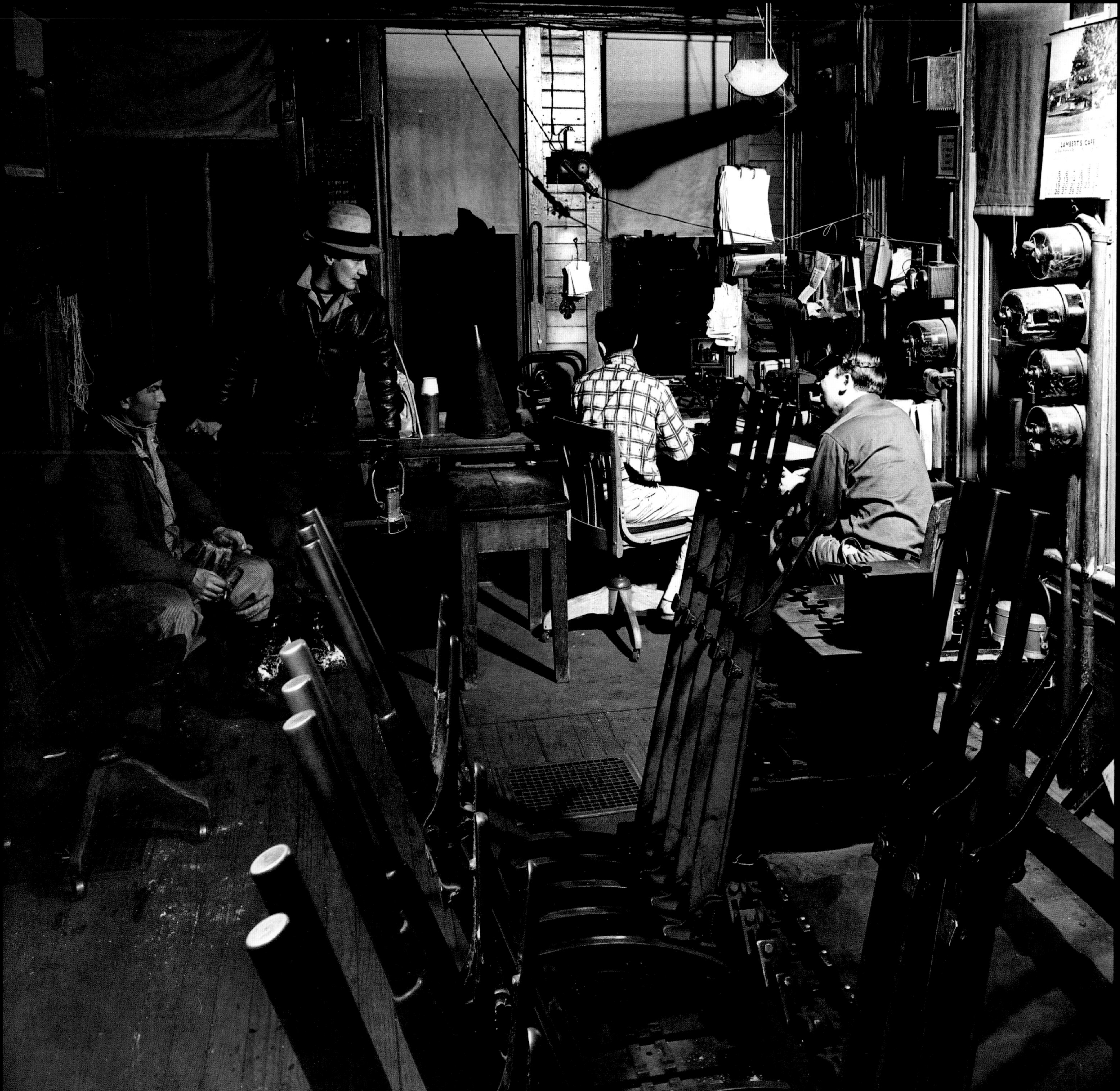
LAMBERT'S CAFE

Aus südlicher Richtung fährt der Schnellgüterzug Nr. 96 in Luray, West Virginia, ein und überquert dabei den Highway 340, der an dieser Stelle über den „Hawksbill Creek" führt, in dem sich derweil Barry Good und fünf Judd-Geschwister nach einem heißen Sommertag abkühlen. Der Name ihrer Heimatstadt Luray ist abgeleitet von „ Lewis Ramey", einem Siedler aus weit zurückliegender Zeit.

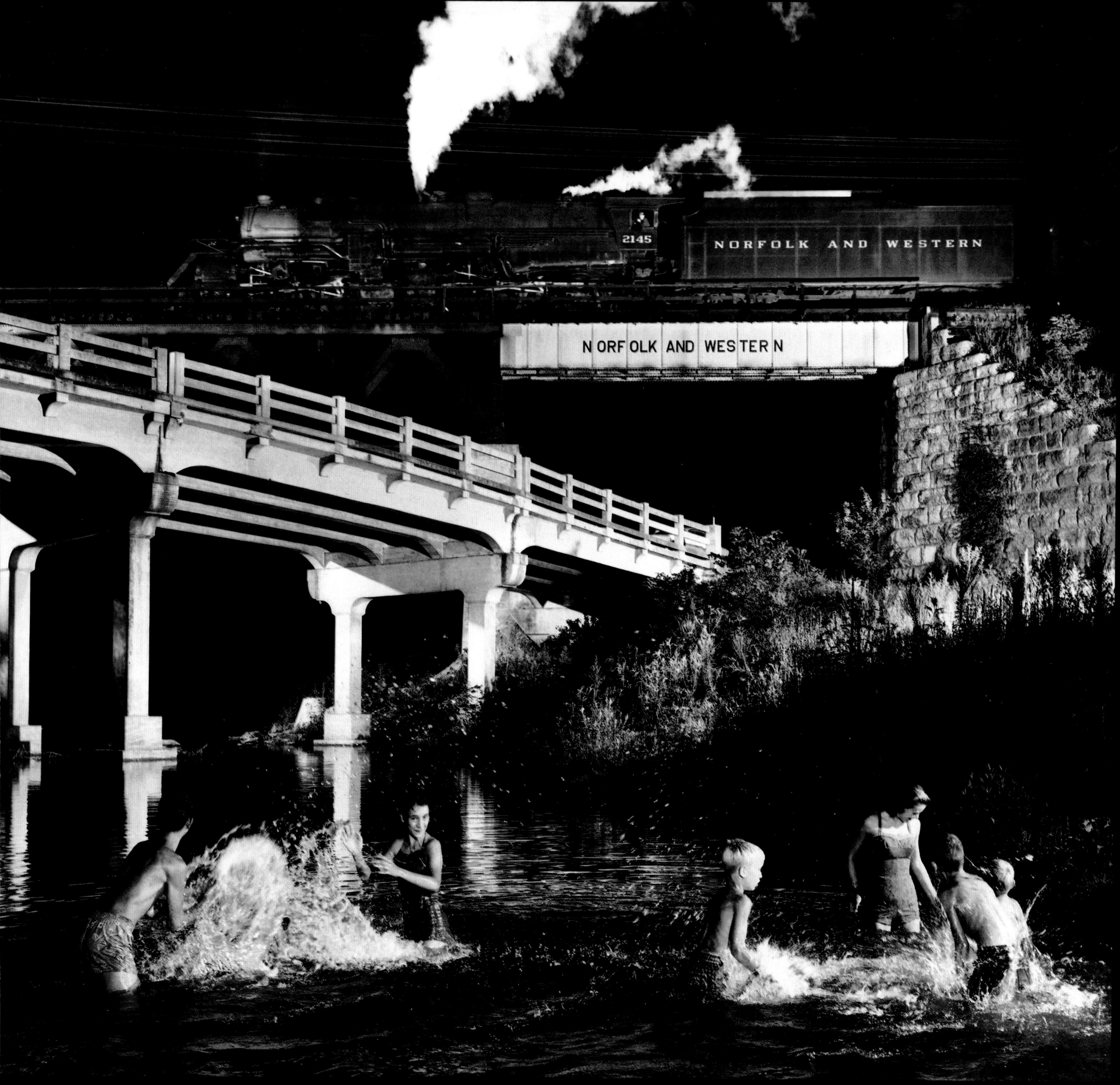
2145
NORFOLK AND WESTERN
NORFOLK AND WESTERN

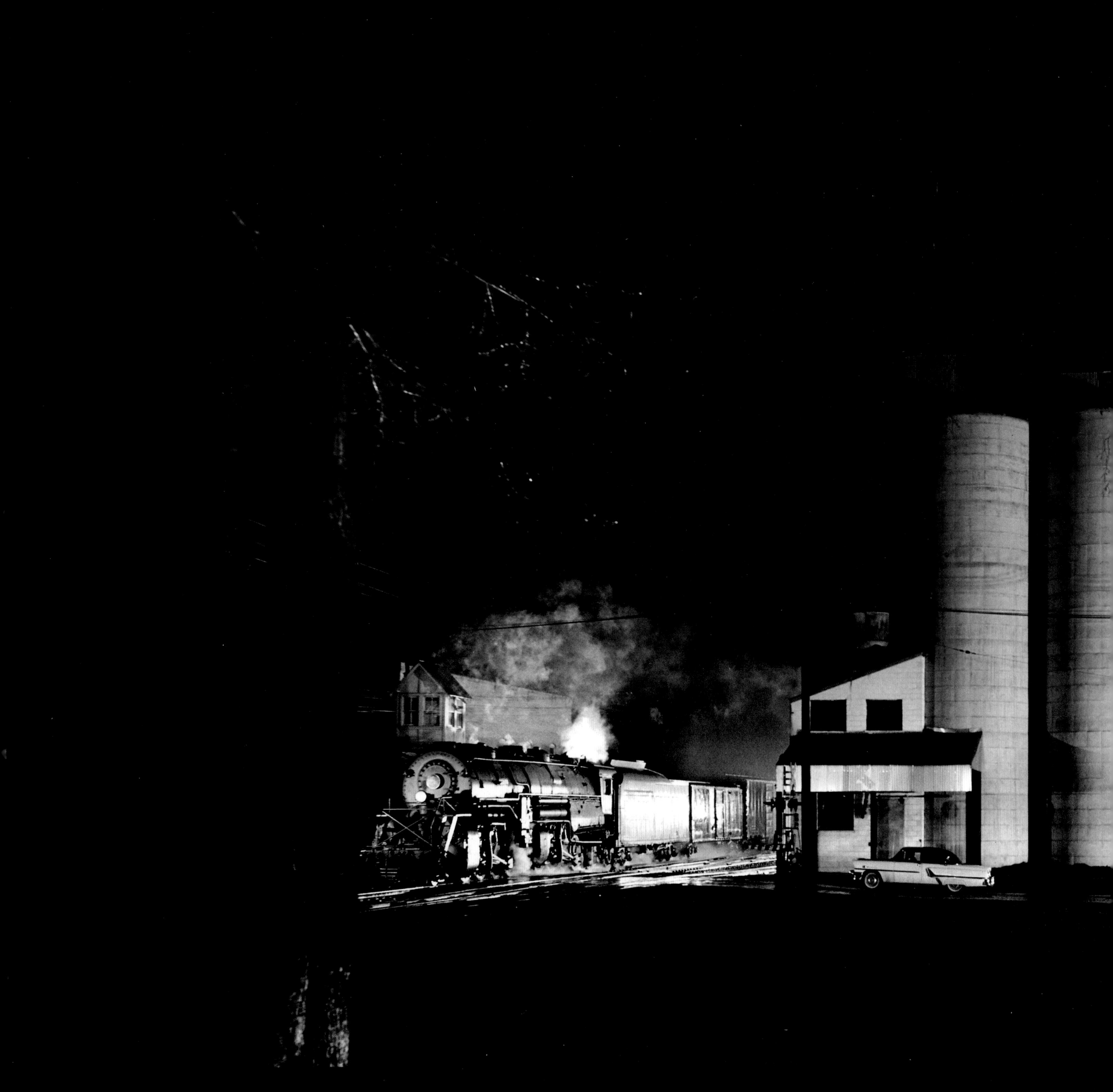

In Luray kreuzt der zweite Teil des Zuges Nr. 51, ein in südliche Richtung fahrender Schnellgüterzug, den „Lee Highway", eine vor Eröffnung der Interstates (Autobahnen) beliebte Nord-Süd-Verbindung.

Rechts: Der Polizist Weldon Painter ist auf Streifengang in der Hauptstraße von Stanley, Virginia, während der erste Teil des Güterzuges Nr. 51 den Bahnübergang mit gewaltigen Auspuffstößen in Richtung Süden überquert.
Übernächste Seite, links: Am 23. März 1956 donnert die Y6 Nr. 2120 um 3 Uhr morgens durch Luray. Für diese Aufnahme, mit der Link 1957 den ersten Preis des „Graflex International"-Fotowettbewerbes in der Profiklasse errungen hatte, mußte er fast eine Drittelmeile Kabel verlegen, um die 36 installierten Blitzlichter gleichzeitig zu zünden.
Übernächste Seite, rechts: Schrankenwärter Archie Stover vor seinem hochgelegenen Arbeitsplatz, von wo aus er tagsüber die Bahnschranken und Warnblinkanlagen während des regen Rangierverkehrs auf den örtlichen Industriegleisen

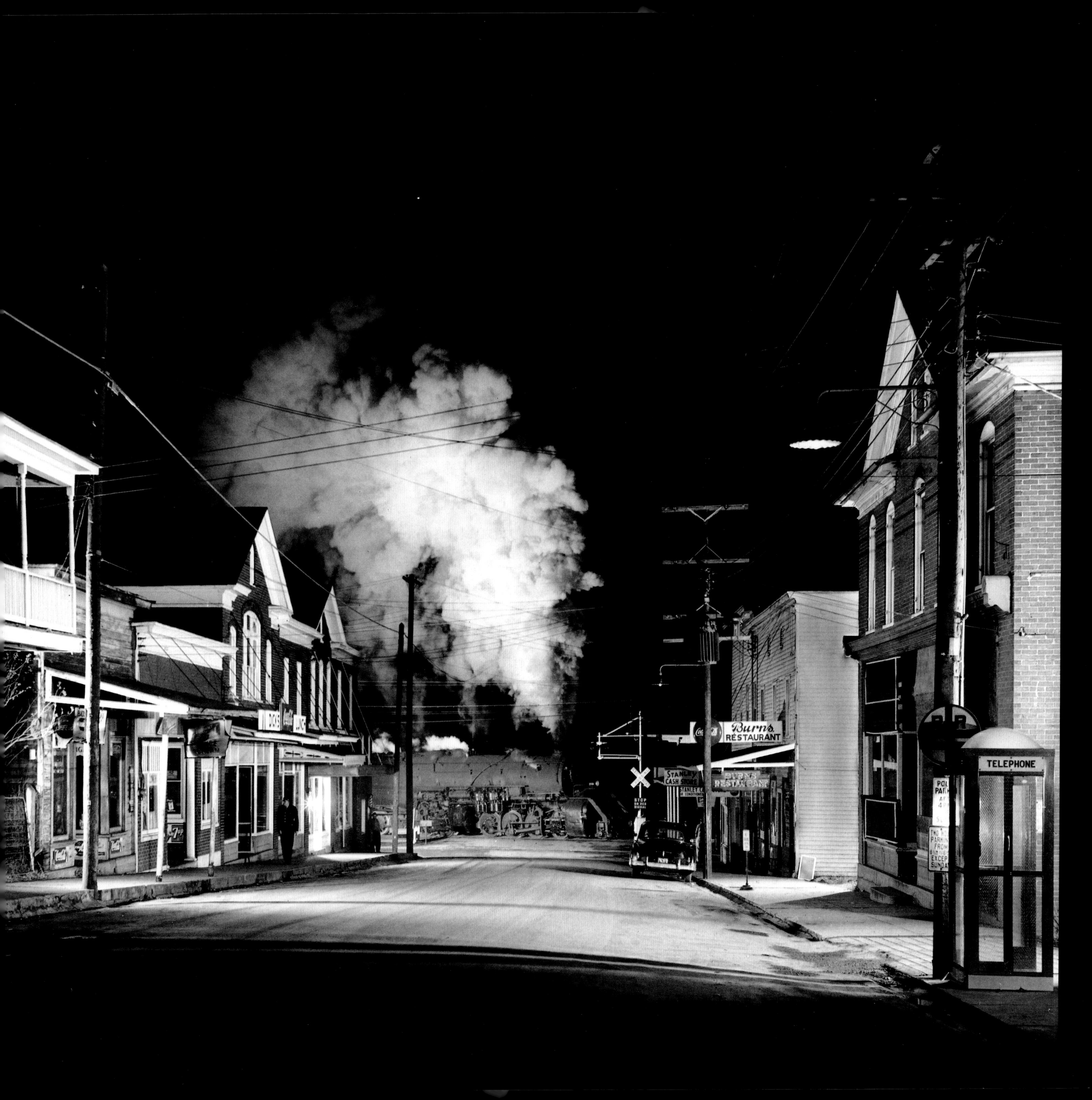
Burns
RESTAURANT
TELEPHONE

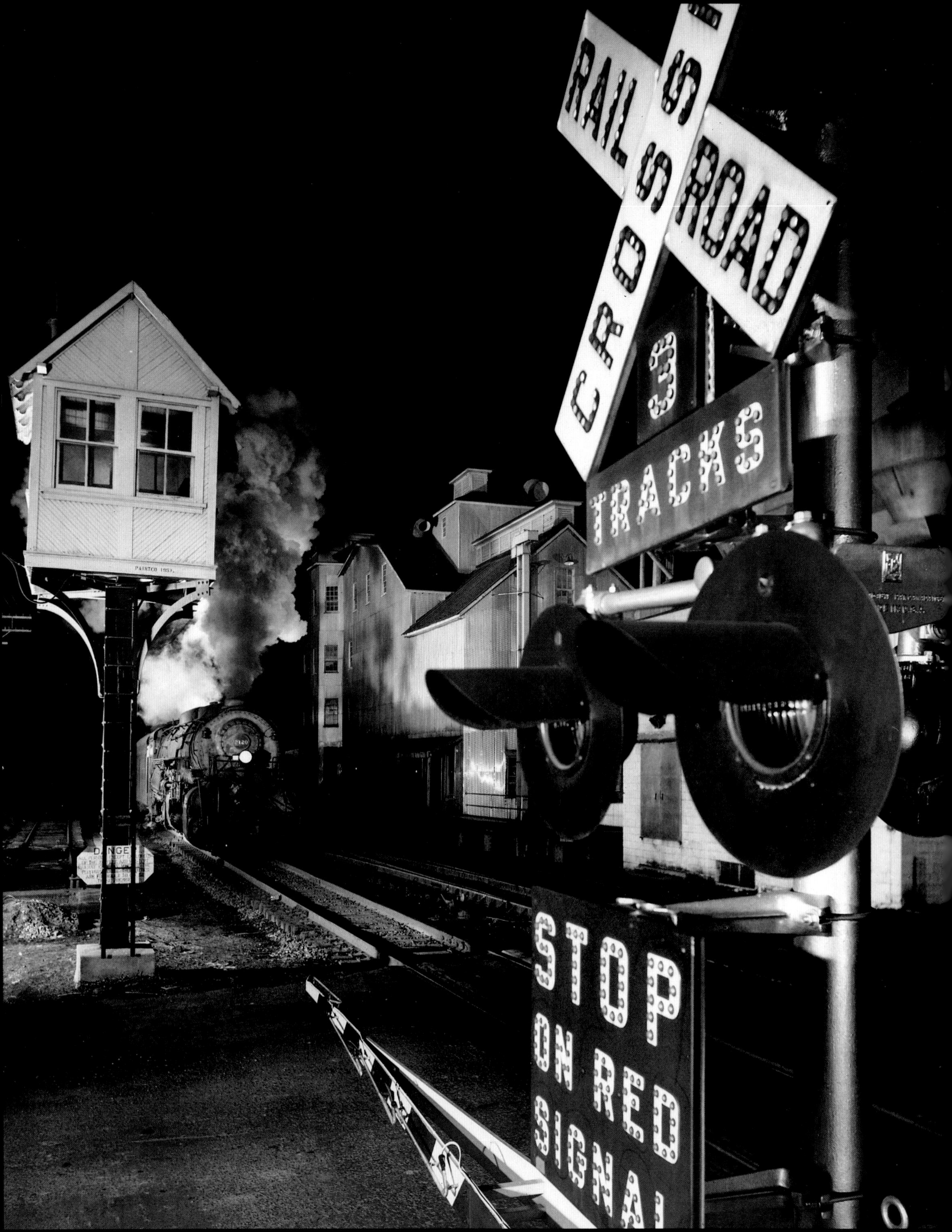
RAIL
ROAD
3
TRACKS
STOP
ON RED

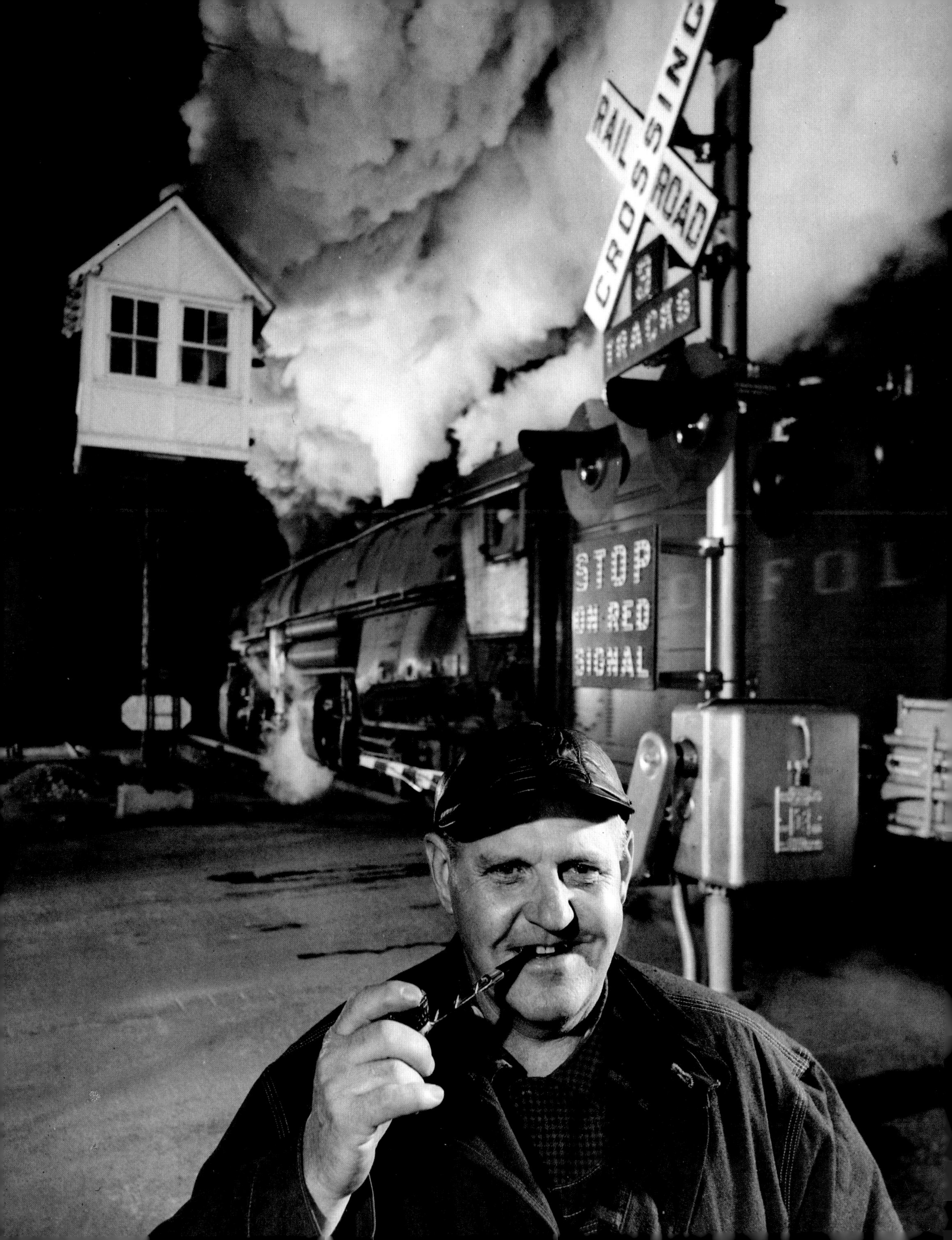
RAIL ROAD
CROSSING
TRACKS
STOP
ON RED
SIGNAL

Rechts: Nächtliche Begegnung im Bahnhof Shenandoah Junction: An einem nebligen Januarmorgen des Jahres 1957 steht K2a Nr. 128 mit Zug Nr. 2 abfahrbereit am Bahnsteig, während im Hintergrund eine Diesellok der Baltimore and Ohio ihren Zug Nr. 7, den *Shenandoah* nach Chicago, beschleunigt. Dieser Zug ist schon seit Jahren mit Diesellokomotiven bespannt. In seinen besten Zeiten sah dieser kleine Umsteigebahnhof 36 Reisezüge täglich!
Unten: Ein Blick in das Bahnhofsgebäude von Shenandoah Junction: George Beaghan hat an diesem Tag die Aufsicht.

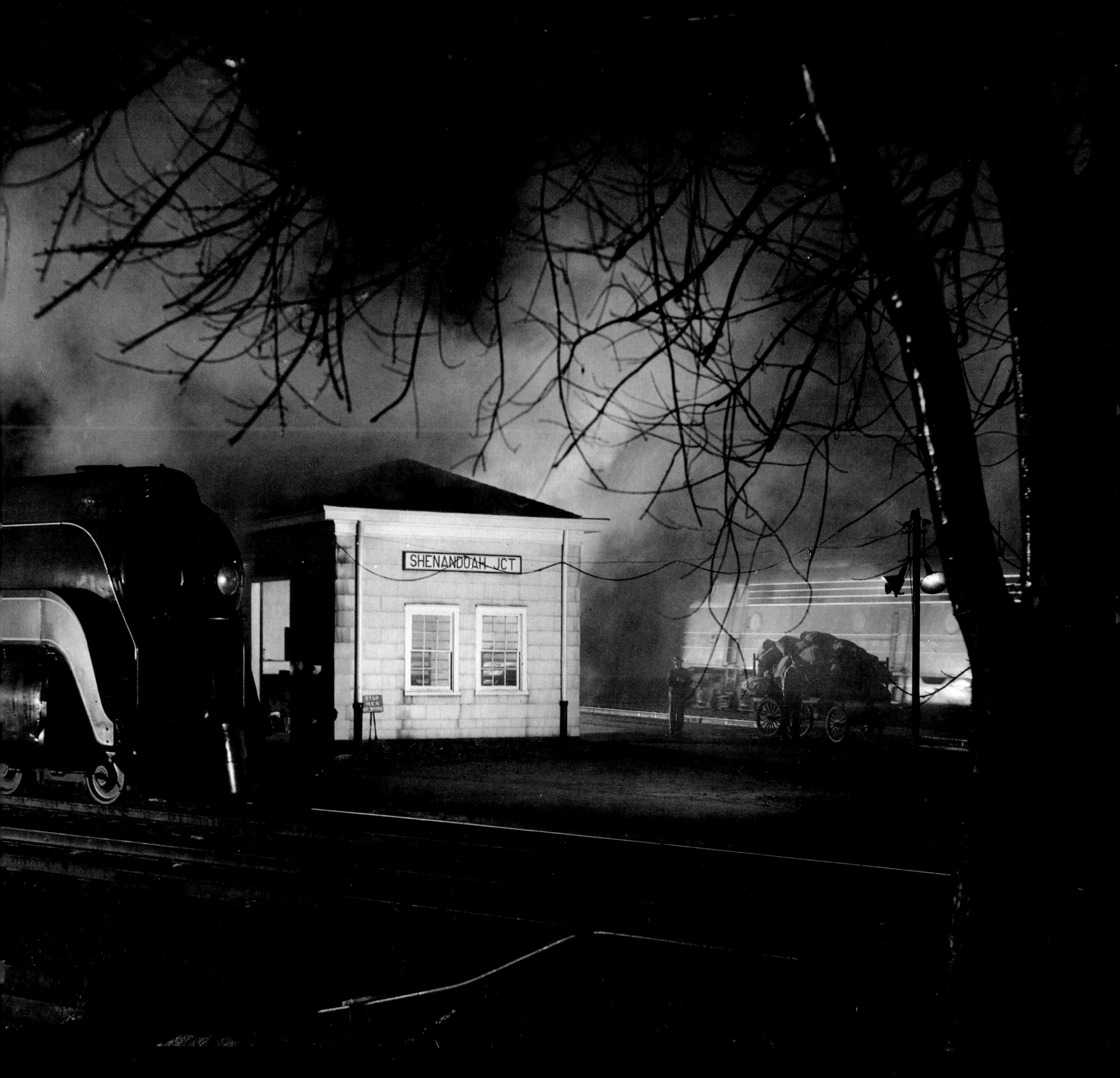
SHENANDOAH JCT
STOP

Alarmiert durch eine Lokomotivpfeife, die die N&W der Stadt zur Verwendung als Feuersirene geschenkt hat, macht sich die Freiwillige Feuerwehr von Grottoes auf den Weg, während im Hintergrund Zug Nr. 2 vorbeifährt.

GROTTOES VOL. FIRE DEPT.
GROTTOES, VA.
GROTTOES VOL
FD
128
GROTTOES VA

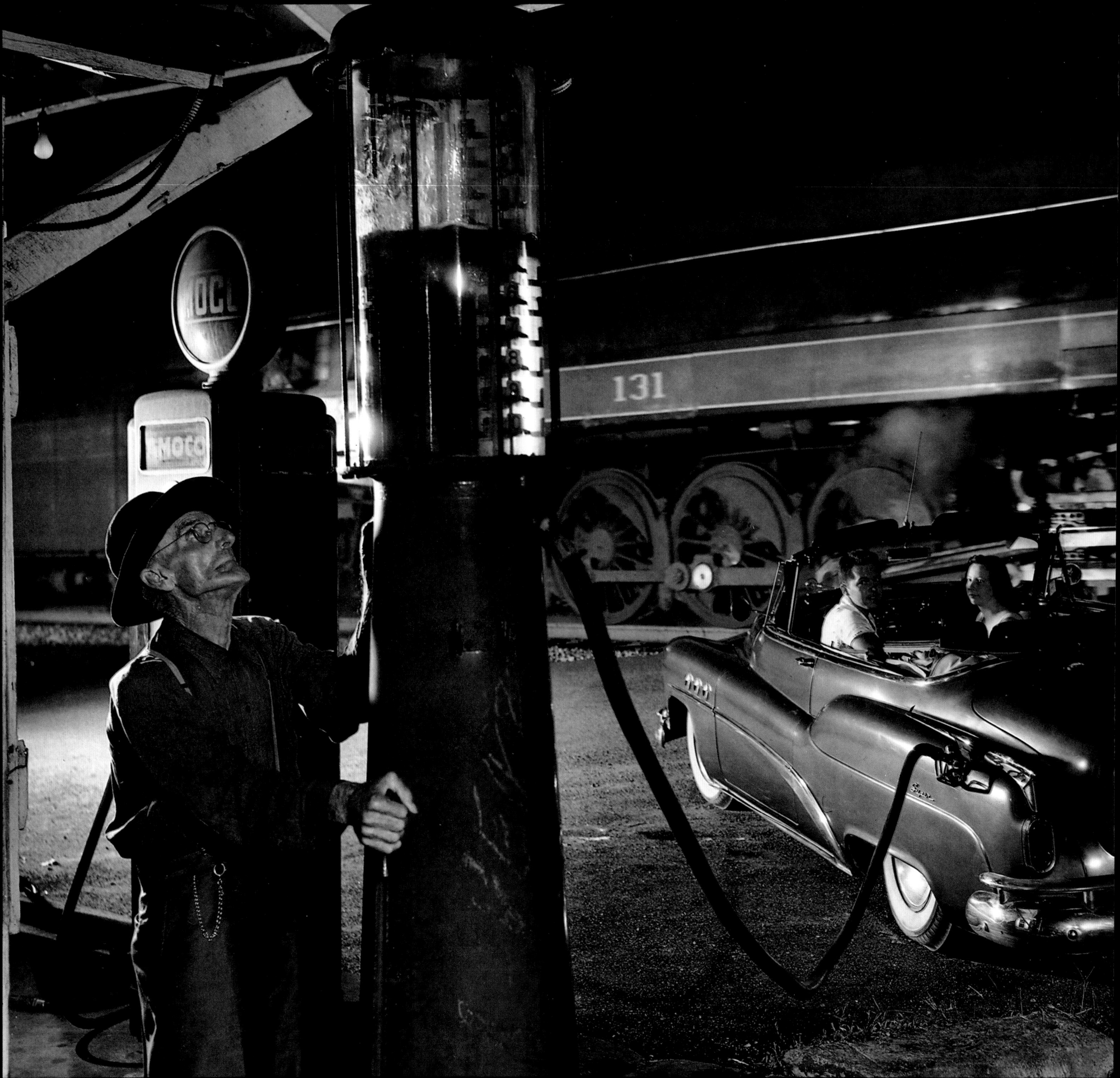
131

W. A. Miller bedient die alte Benzin-Zapfsäule vor dem „General Store" in Vesuvius, während Zug Nr. 2 bergwärts fährt. In Links Cabriolet posieren Bob Cullen und Jane Groah, die später geheiratet haben. Vesuvius wurde nach einem Eisenschmelzofen benannt, der hier zwischen 1828 und 1854 betrieben wurde.

Hinter dem Tresen des einzigen Gemischtwarenladens in Vesuvius stehen die Eigentümer des Ladens, Mr. und Mrs. Edgar Austin. Mr. Miller, neben dem Ofen, Typ „Burnside Nr. 1", sitzend, unterhält sich mit Thurston A. Graves, einem 84jährigen Eisenbahn-Veteranen, der 1888 in die Dienste der Bahn trat und dort 57 Jahre lang arbeitete. Erst auf den zweiten Blick sieht man im Fenster die K2a Nr. 127, die an diesem Tag von Walter Finney geführt wird.

127
RICHMOND DAIRY
ICE CREAM
CORN FLAKES
RICE KRISPIES
RICE KRISPIES
SUGAR CRISP
Gum Turpentine
UNIVERSAL
Quality CORKS
HEADACHE
NEURALGIA
STANBACK
Goody's
MORTON
Cracker Meal
FLEISCHMANN'S
ACTIVE DRY YEAST
Karo
DIXON & TOM-A-TOE COMPANIES, INC.
TOMATOES

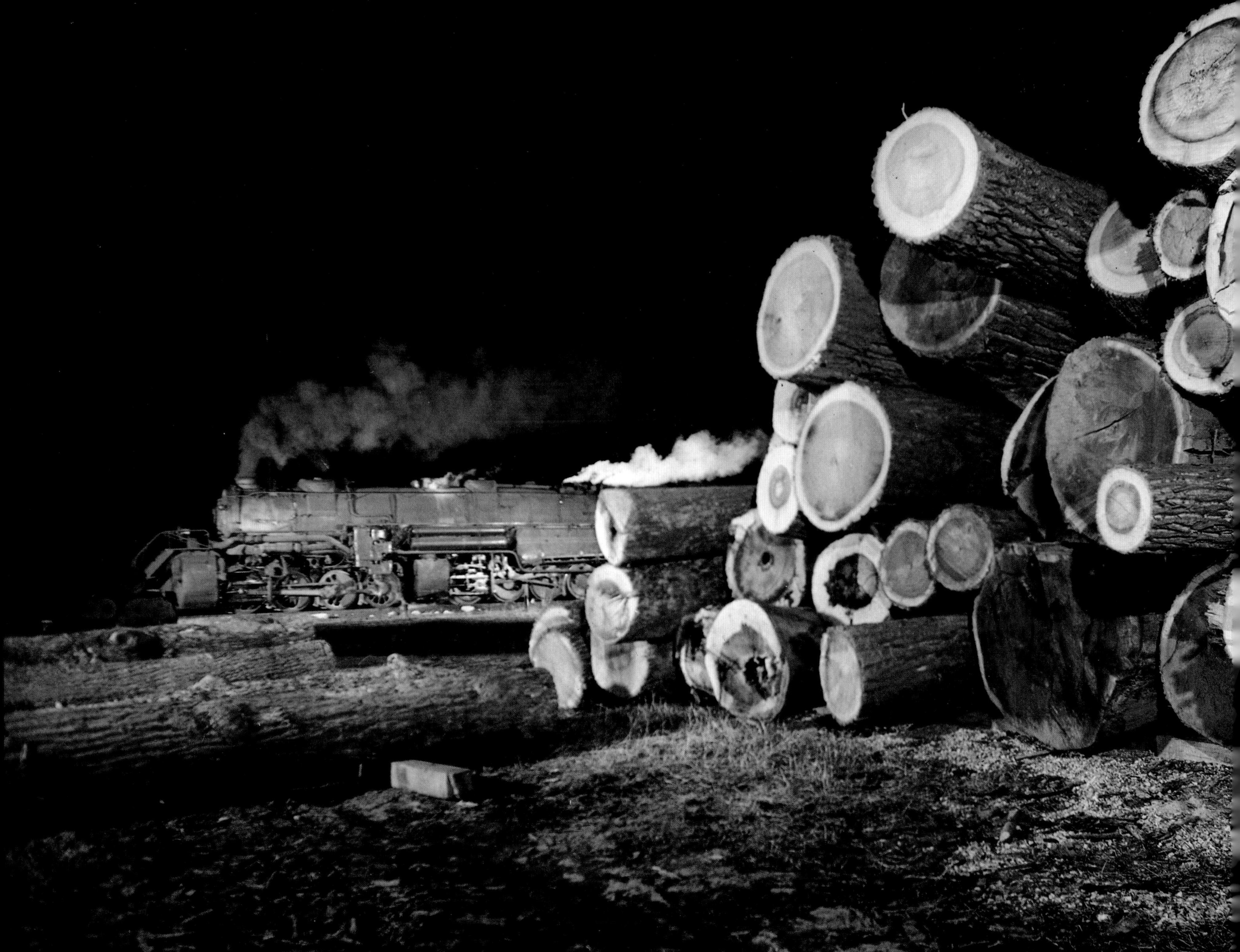

Im März 1956 fährt der erste Teil des Zuges Nr. 51 am Holzlager der Fitzgerald Company in Buena Vista, Virginia, vorbei.

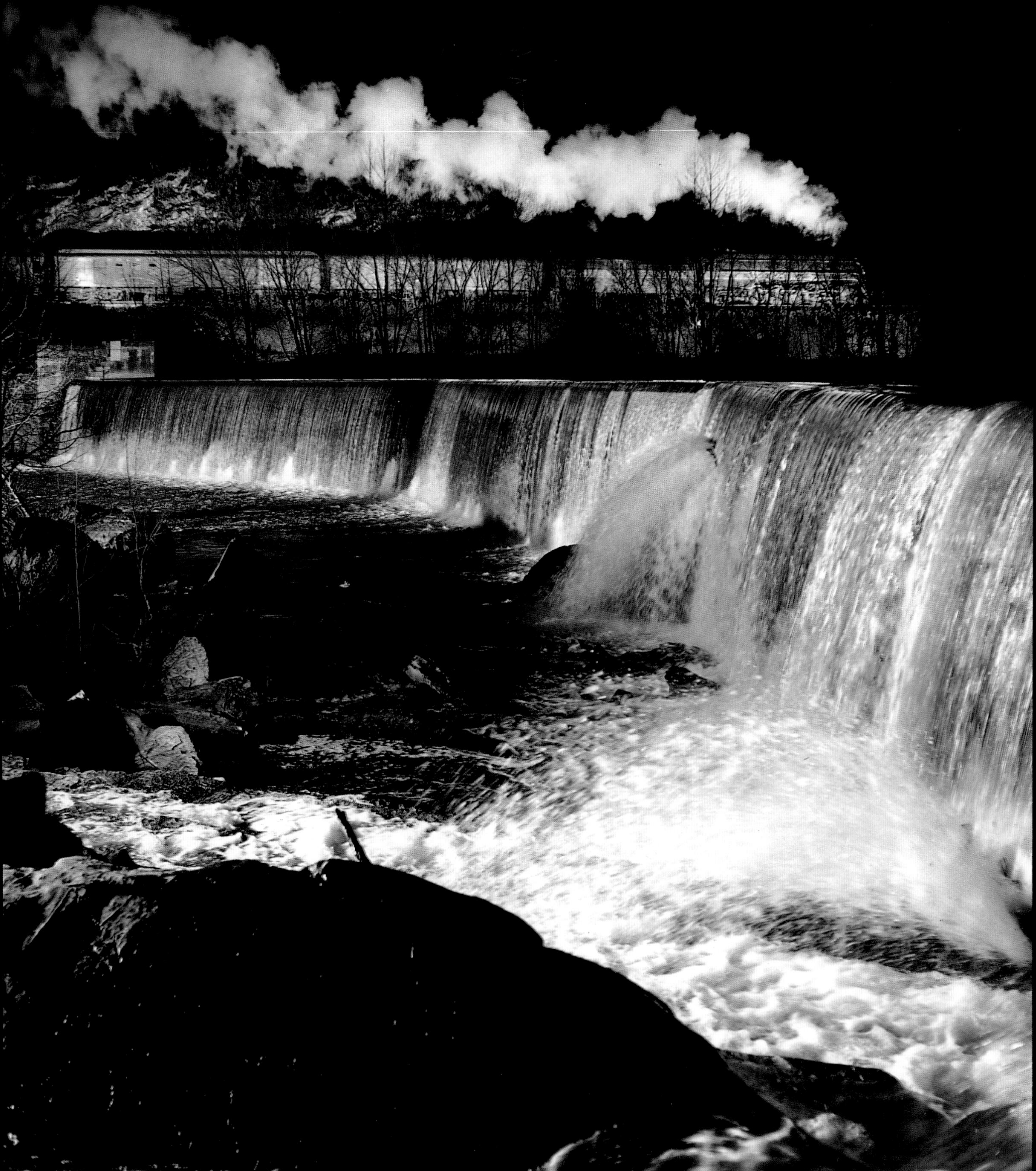

Oben: Der Schuppenmann Bernie Cliff klettert in Waynesboro auf den Kessel der M2 Nr. 1148, um Sandvorrat, Glocke, Pfeife und Generator zu überprüfen.
Links: Für die Vorbereitungen zu dieser Aufnahme des nordwärts fahrenden Zuges Nr. 2 am Gooseneck-Wehr des Maury River benötigte Winston Link vier volle Tage. So spannte er auch eine 150 Fuß lange Seilbrücke über den Fluß, um seine Blitzausrüstung transportieren zu können.

Diese beiden Aufnahmen des Zuges Nr. 2 auf der Brücke 425 bei Arcadia entstanden gleichzeitig von beiden Brückenseiten. Die größte Schwierigkeit war, die Blitzlichter so zu installieren, daß sie die Aufnahmen auf der jeweils gegenüberliegenden Seite nicht beeinträchtigten. Während Steven Breeden die Kühe scheucht, beschleunigt Walter Finney seine K2a Nr. 129.

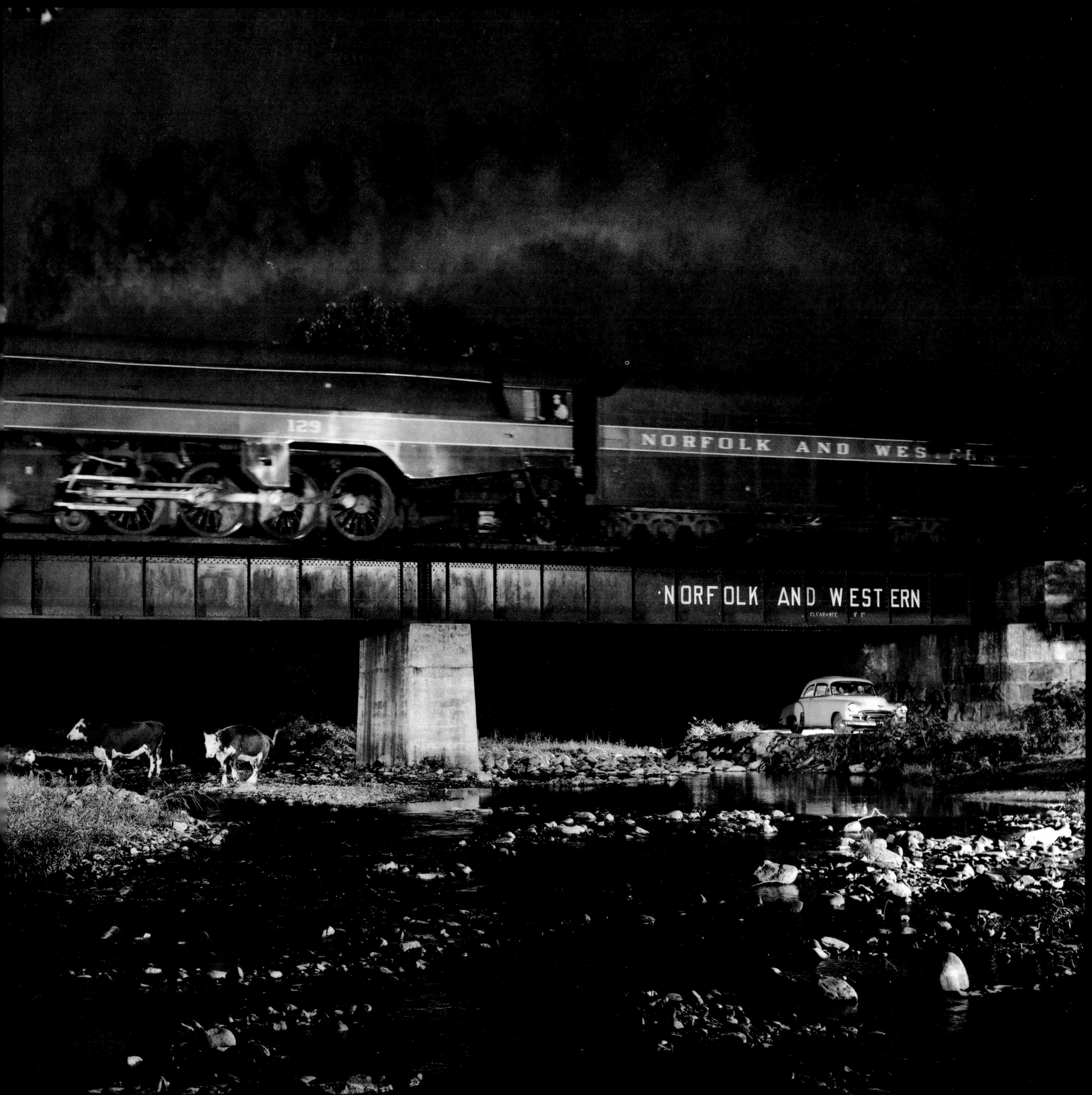
129
NORFOLK AND WESTERN

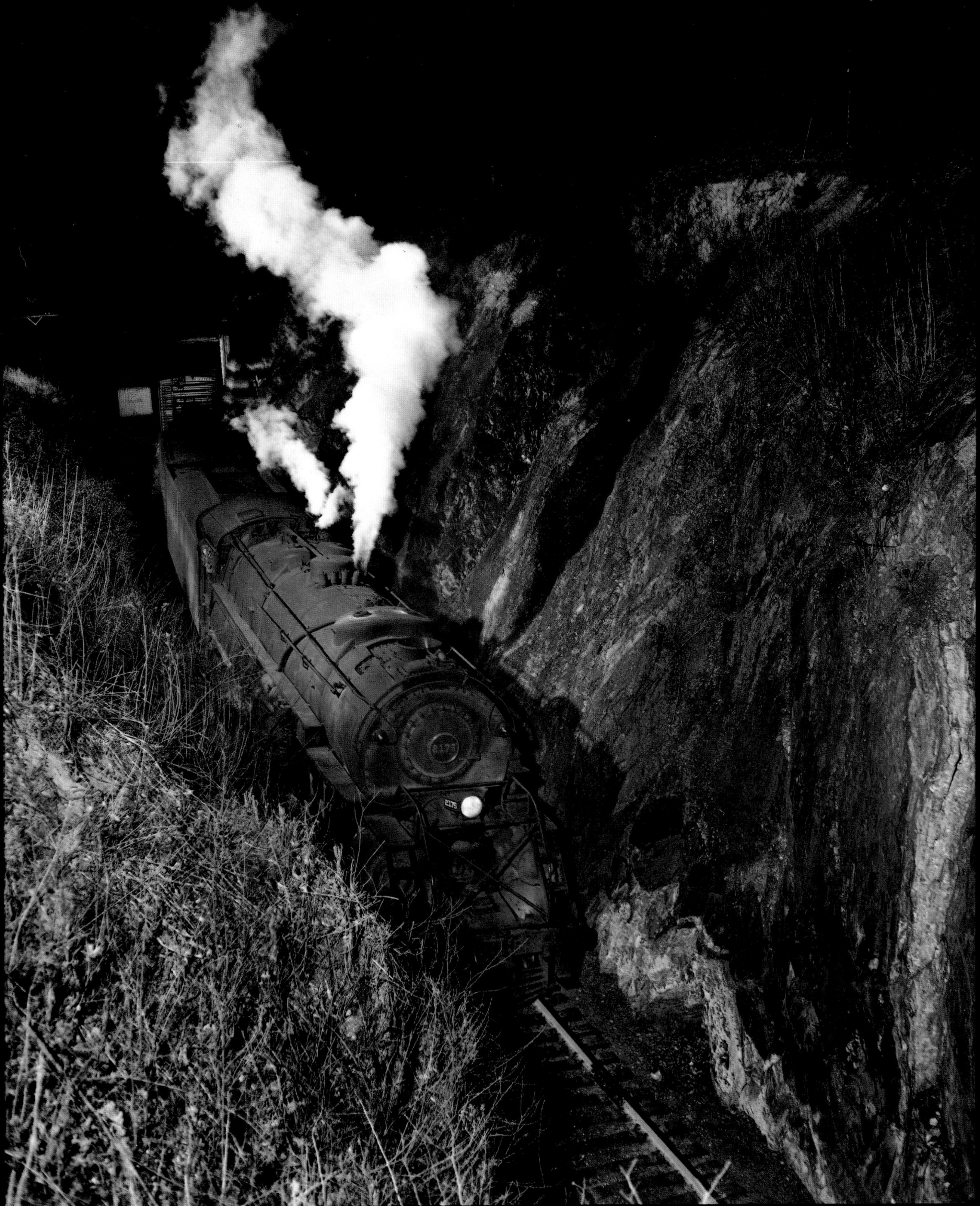

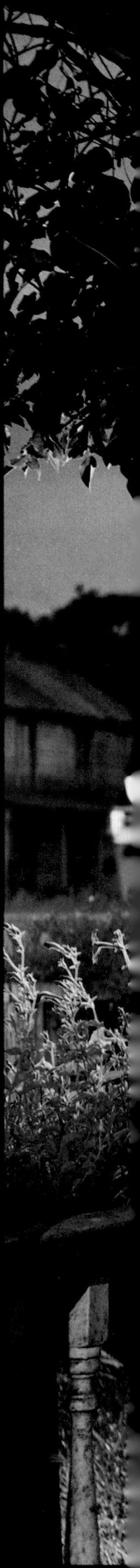

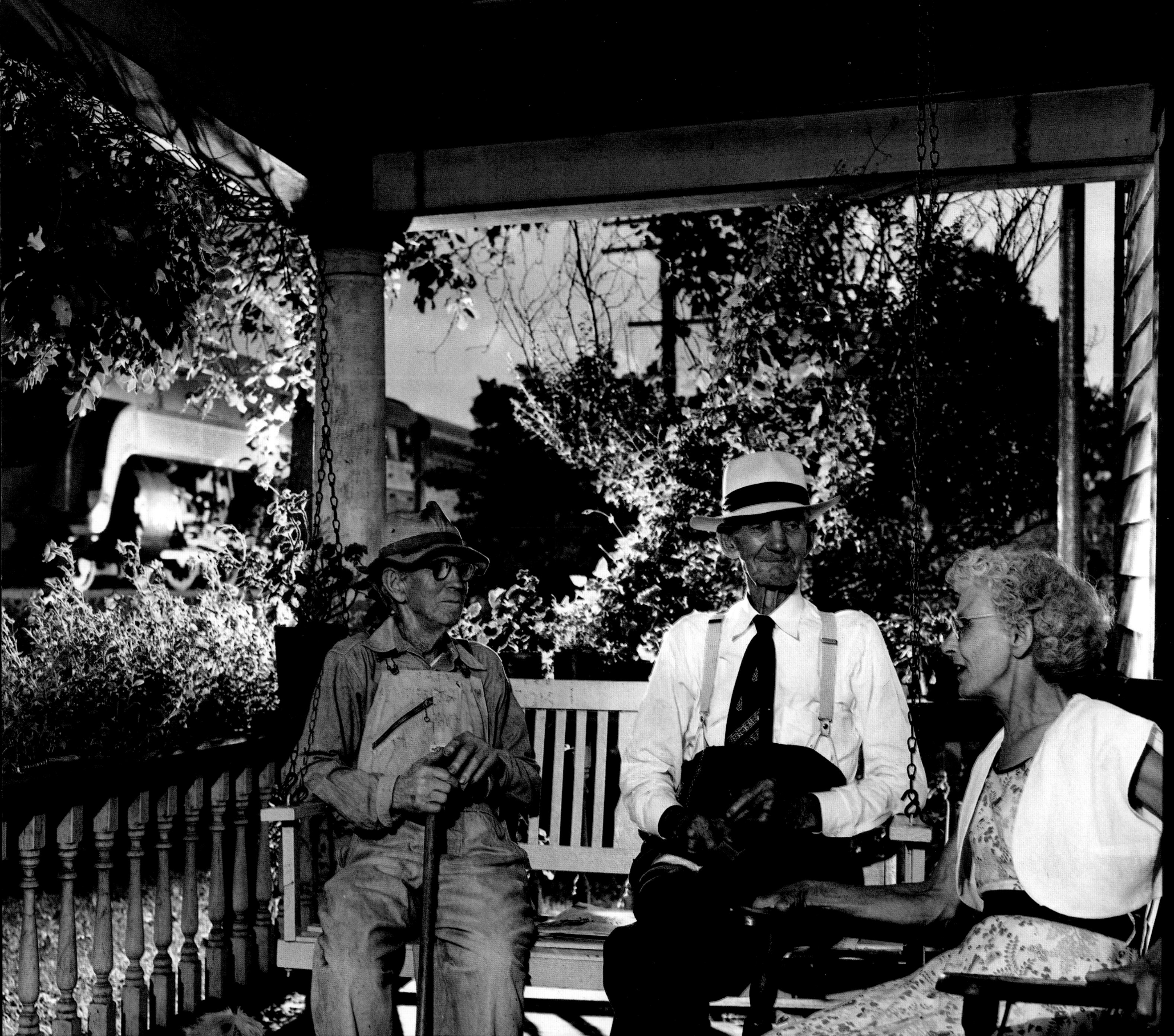

Vorherige Seiten, links: Link und sein damaliger Assistent George Thom entschlossen sich kurzfristig, diesen Einschnitt bei Lithia, Virginia, aufzunehmen; hierzu mußte ein steiler Abhang erklommen werden, und das mit einer umfangreichen Blitzausrüstung. Nachdem sie alles vorbereitet hatten, gelang ihnen diese Aufnahme der vorbeidampfenden Y6b Nr. 2175.
Vorherige Seite, rechts: Nach 48 Jahren Arbeit bei der N&W ist der pensionierte Vorarbeiter B. A. Fitzgerald (Mitte) froh, das Betriebsgeschehen von der Veranda des Hauses von Mr. und Mrs. Charles W. Lugar, seinen Nachbarn in Lithia, beobachten zu können. Am 31. Juli 1955 fährt im Hintergrund Zug Nr. 2 durch die Dämmerung.
Rechts: Südlich von Lithia liegt das Haus von Hester Fringer, in deren Wohnzimmer auch die nebenstehende Aufnahme entstand. Sie zeigt ein allabendliches Ritual: Enkel George Poulis winkt der Lokmannschaft des vorbeifahrenden Zuges Nr. 2 zu, während sich seine Mutter und die Lieblingstiere der Familie am Kaminfeuer wohlfühlen.

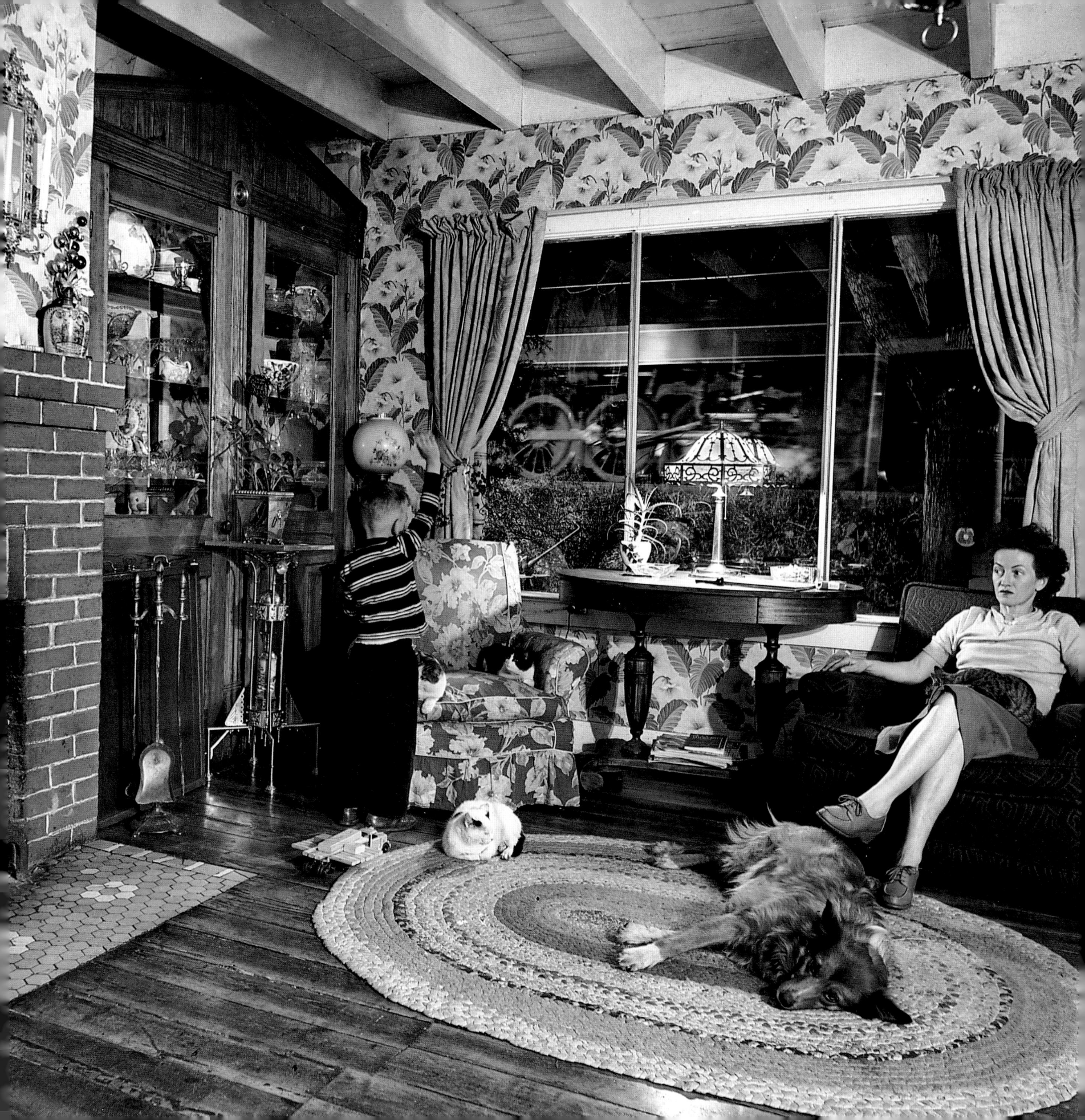

unten. Jeden Abend, vor allem im Sommer, spielten die N&W-Züge ihre Rolle im unbekümmerten Lebensrhythmus des Shenandoah Valley. Auf der Brücke über den Back Creek, die zum Grundstück von Mango Buchanan in Lithia führt, stehen die Kinder der Familie Keith und versuchen, einen silbrig-schuppigen Fisch aus dem Wasser zu ziehen. Sie lassen sich dabei auch nicht von der vorbeifahrenden N&W-Lokomotive stören.

Rechts: Bobby Goggin, ein kleiner Junge von der benachbarten Farm, versuchte vergeblich, aus dem Blickfeld zu verschwinden, als Link diese Szene mit einer Lok der Reihe Y aufnahm. Das Bild zeigt die Maschine als Schiebelok an einem Güterzug bei Fringer's Mill in Lithia, einem kleinen Ort mit 101 Einwohnern im Botetourt County.

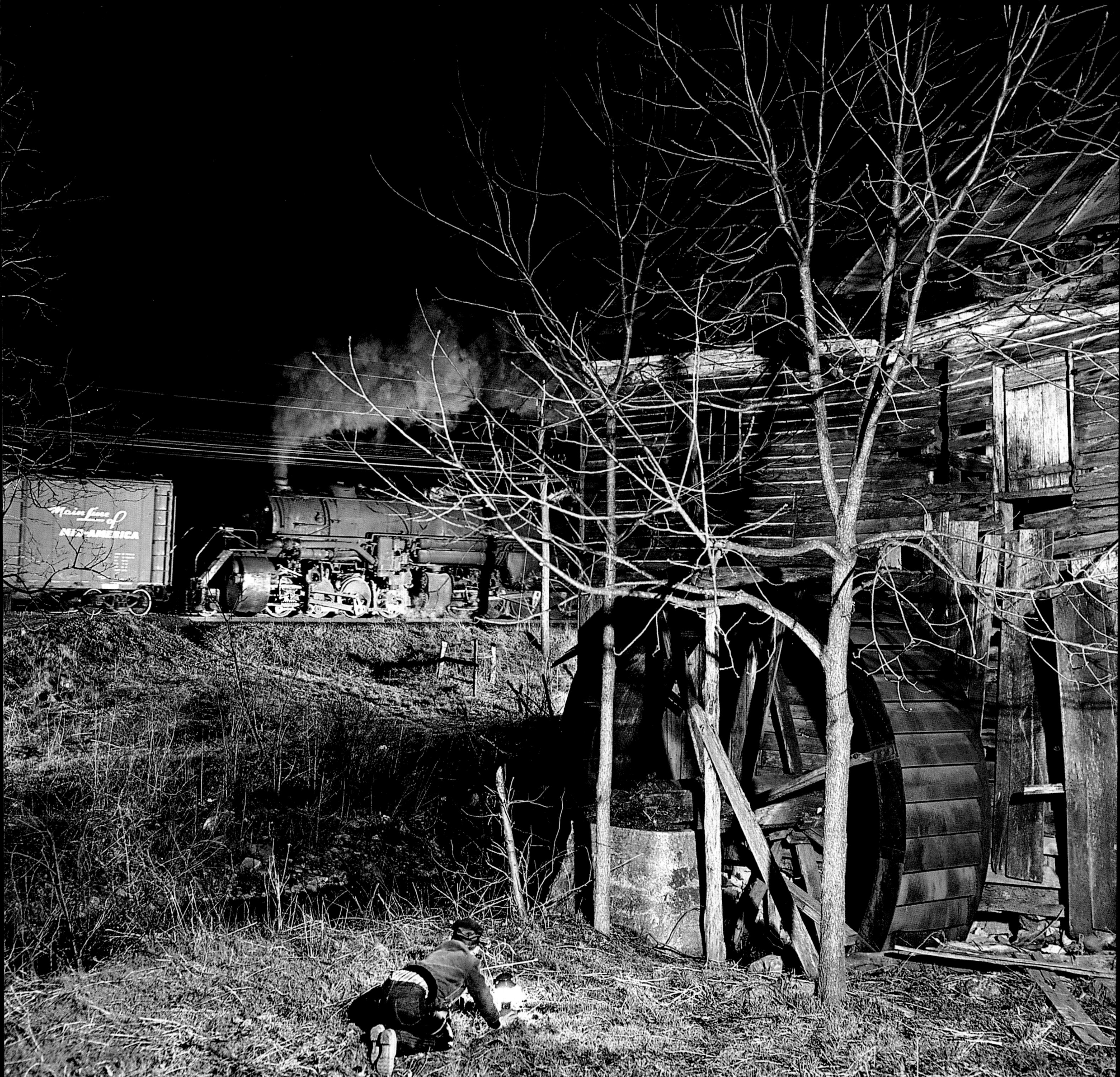

Rechts: In einer 12 Grad kalten Nacht im Dezember 1955 holt James Harless noch einige Holzscheite für den Herd in seiner 200 Jahre alten Behausung in Midvale, Virginia. Im Hintergrund kreuzt die Y6b Nr. 2174 mit Güterzug Nr. 96 in nördlicher Richtung die Staatsstraße 714.
Übernächste Seite, links: Der *Lone Star Shifter* verläßt mit ausbrechender Dampfwolke Cloverdale in Richtung Roanoke – das Flügelsignal zeigt „Fahrt frei". An diesem 8. Februar 1957 bestand die Mannschaft des Zuges aus Lokführer L. R. Jones, Heizer G. W. Ralston, Zugführer J. H. Gillespie, Bremser R. L. Talbert und Sicherheitsposten E. W. Janney.
Übernächste Seite, rechts: Einfahrt des Zuges Nr. 2 in Natural Bridge „Hauptbahnhof", wie die Einheimischen zu sagen pflegen. Der Zug hat soeben den James River und eine Nebenstrecke der C&O überquert, die von Clifton Forge nach Richmond führt. Auf dem Bild zu sehen sind Frank Collins, Carl Tolley und Phil Leighton.

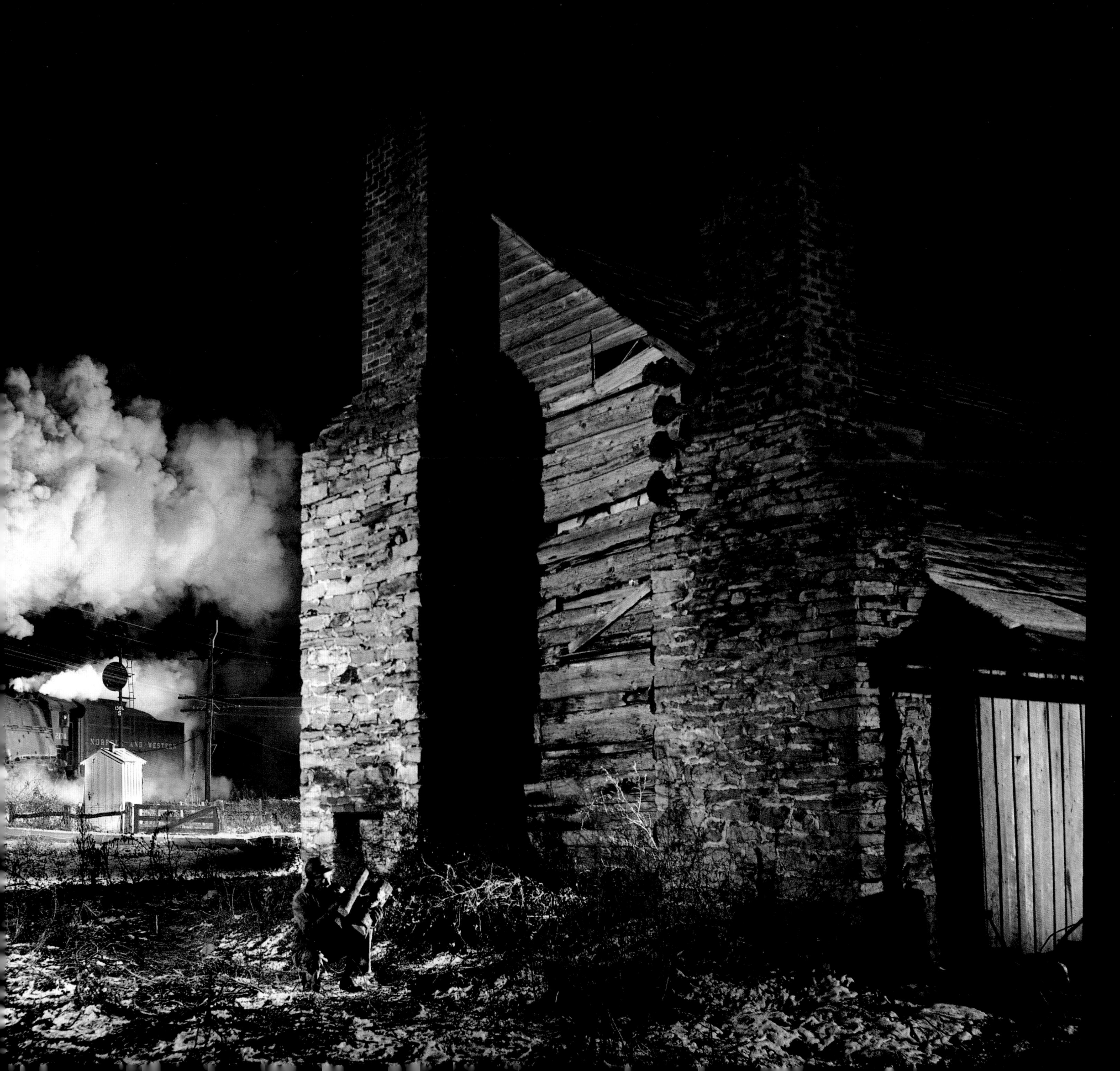

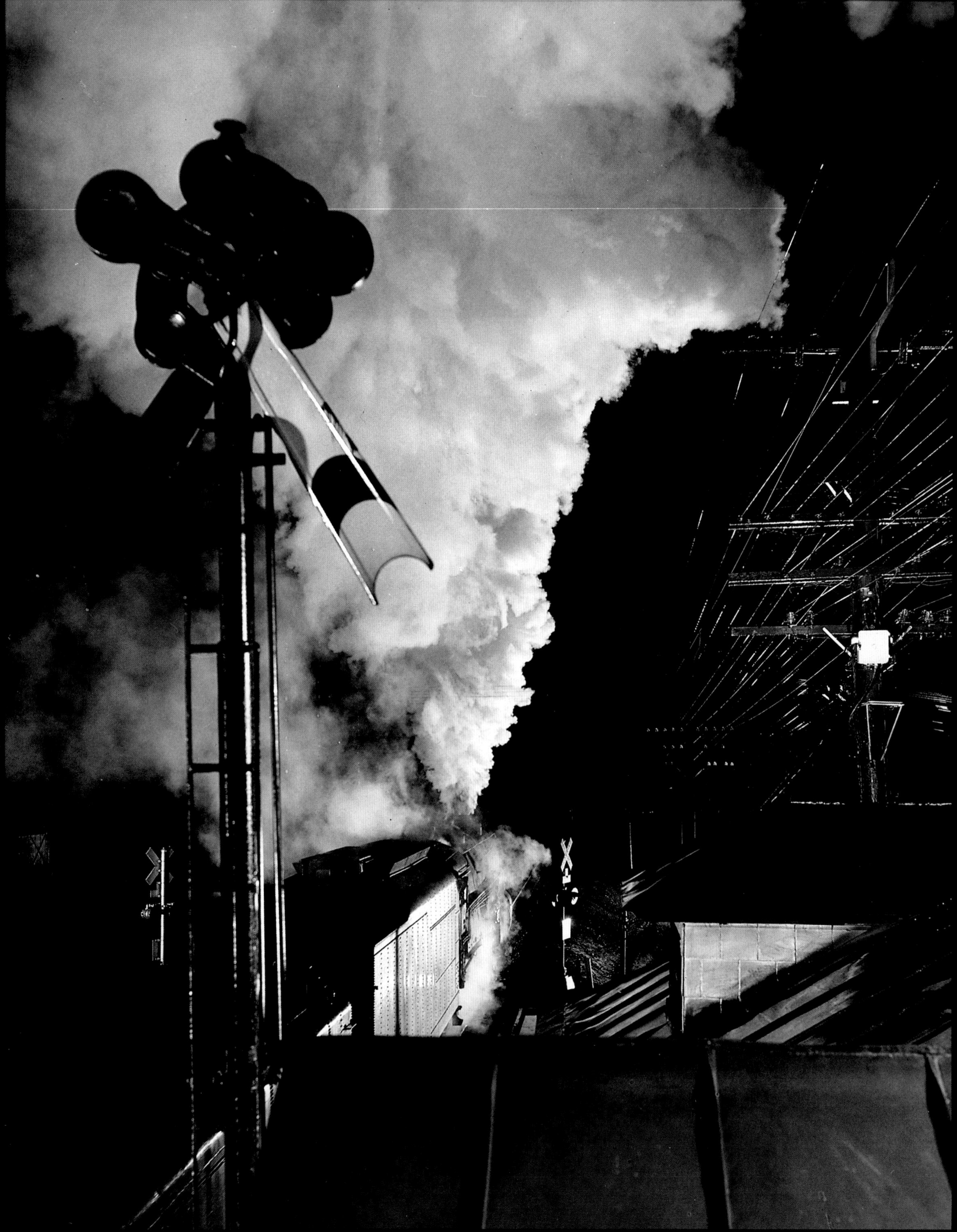

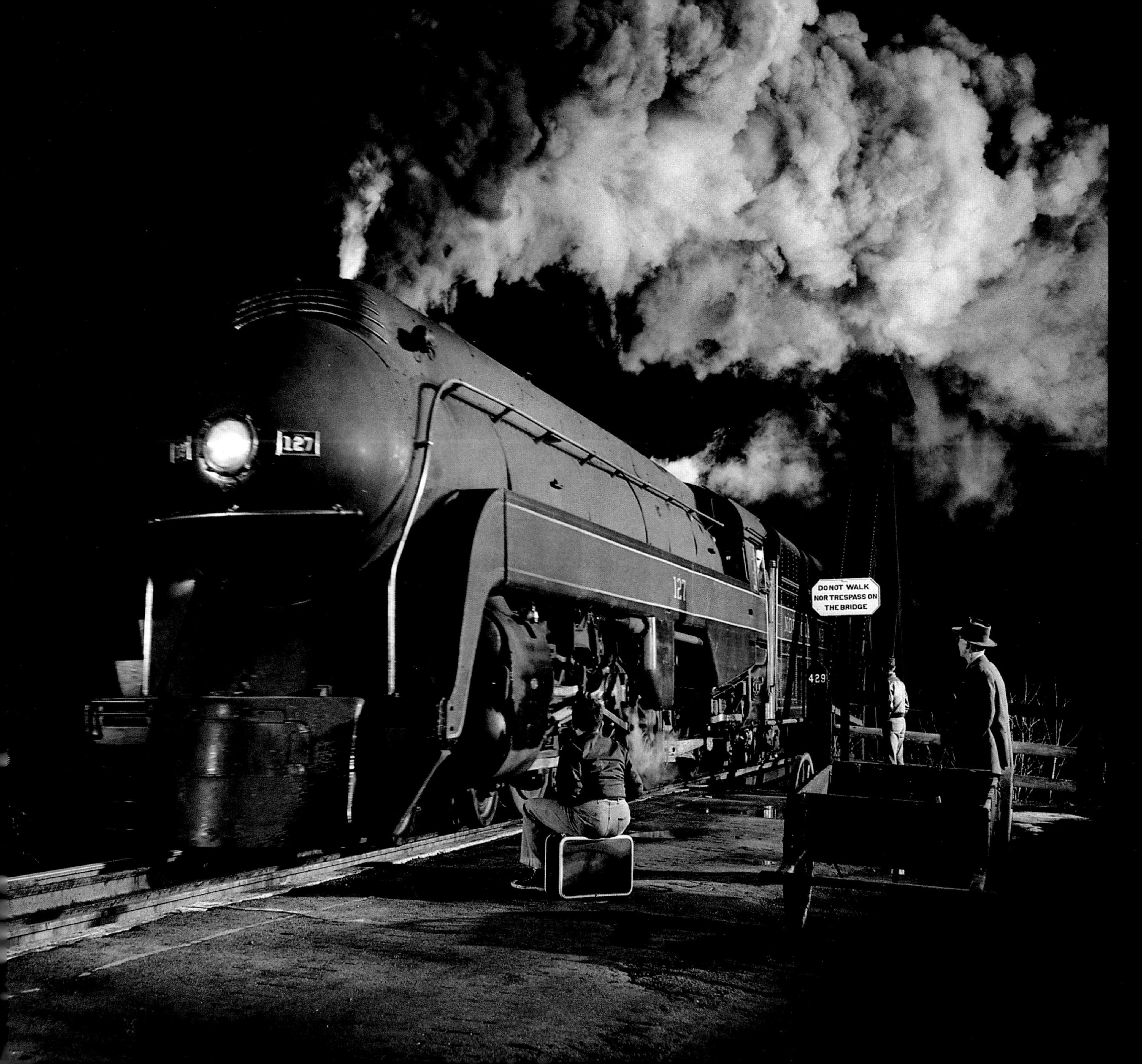
127
DO NOT WALK
NOR TRESPASS ON
THE BRIDGE
429

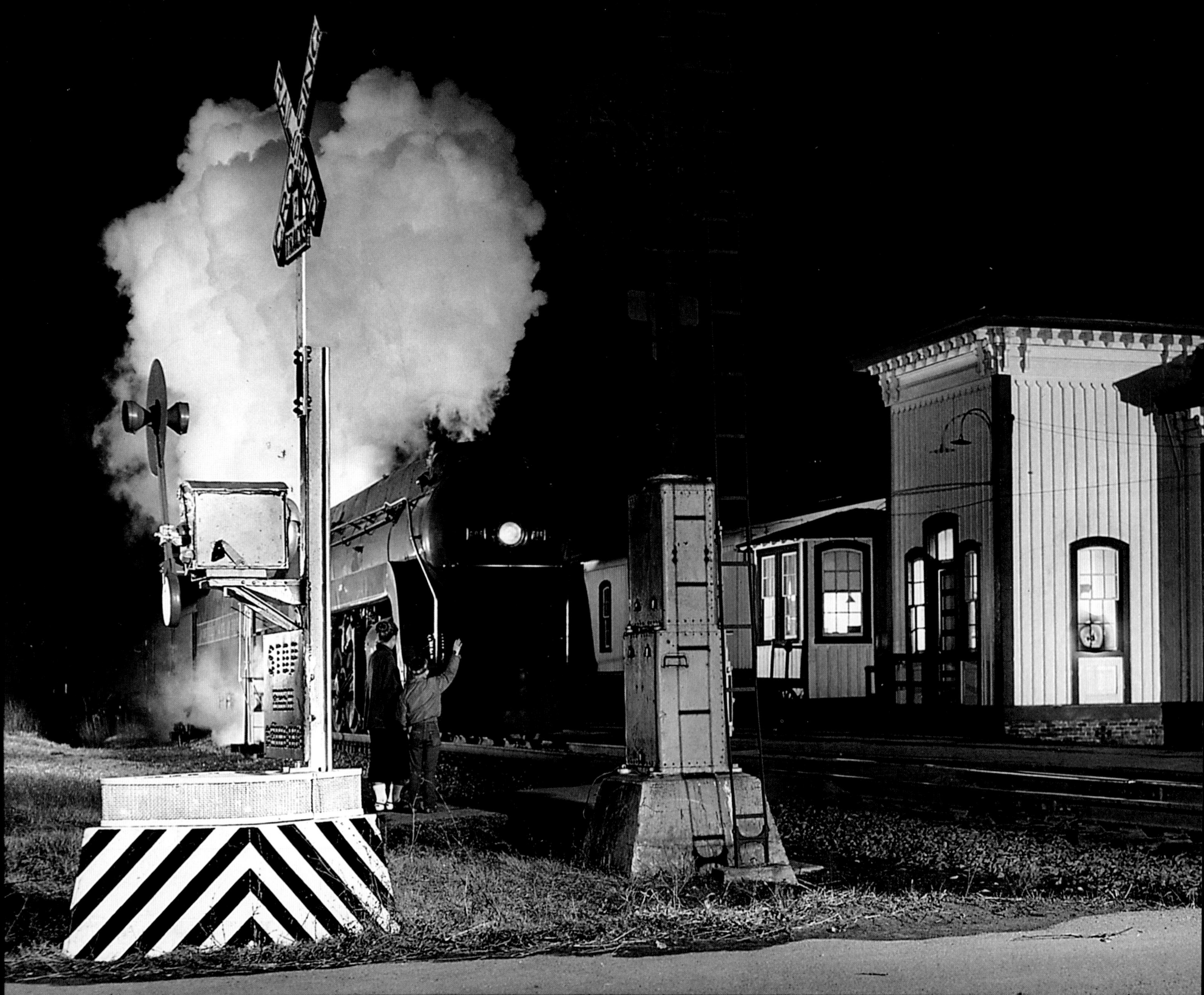

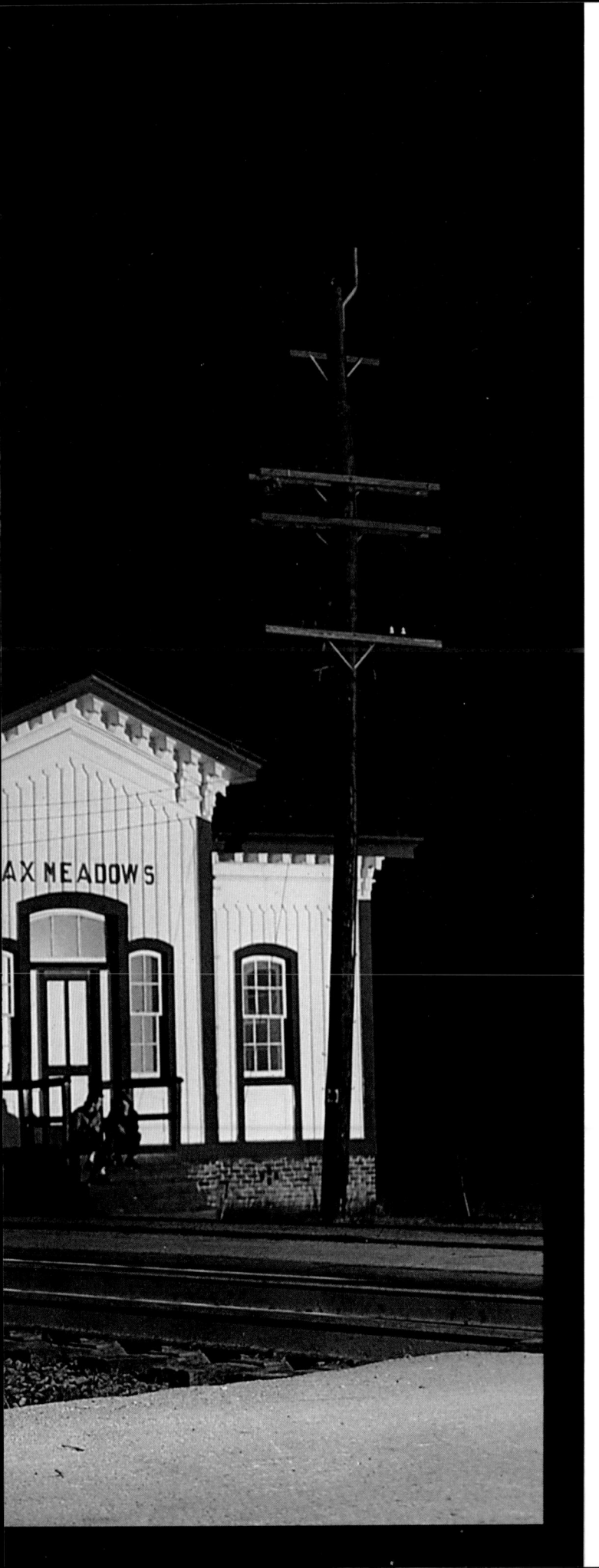

Am 11. November 1957 erhielt Link einen Brief von N&W-Präsident Smith, mit der Mitteilung, daß die Lokomotiven der Reihe J westlich von Lynchburg nicht mehr für die durchgehenden Züge in den Süden eingesetzt würden. Link wollte daher noch einige Bilder im Bergland zwischen Roanoke und Bristol machen, wo die Dampfzüge besonders eng mit dem Leben der Bevölkerung verbunden waren.

Was Link am meisten an der Radford Division fesselte, war die urgewaltige Kraftentfaltung, die den Loks abverlangt wurde, wenn sie sich über die Allegheny-Berge quälten oder durch die zahlreichen kurzen Tunnels nach Walton eilten. Hier führte die zweigleisige Hauptstrecke westwärts entlang des New River nach Bluefield, während die eingleisige Strecke nach Bristol in eine Gegend abzweigte, die von ihrer Geschichte und der landwirtschaftlichen Nutzung geprägt war. An dieser Strecke gab es noch prunkvolle Bahnhöfe aus der Zeit William Mahones, und im Endbahnhof Bristol konnten die Dampfloks in einem stilgerechten Rundlokschuppen fotografiert werden.

Nachdem die Strecke nach Bristol, die früher als Pulaski Division bekannt war, in das Schnellgüterzugsystem „Great Southern Despatch" einbezogen wurde, erlangte sie für den Gü-

4
Schönheit und Urgewalt auf der Radford Division

Links: Jerry Reed und Minnie Tate sitzen auf der Treppe vor der Tür des Bahnhofs von Max Meadows, einem 700 Seelen-Städtchen, ohne die Einfahrt des Schnellzuges *Birmingham Special* zu beachten.

terverkehr große Bedeutung. Der Reisezugverkehr wurde 1858 aufgenommen. Zu jener Zeit war die Bristol-Strecke Teil der „Great Southern Mail Route", einer Verbindung zwischen dem Nordatlantik und den Staaten am Golf von Mexico. Als 1861 der Bürgerkrieg ausbrach, galt es, Tausende von Soldaten der Rebellentruppen aus Carolina, Georgia und Louisiana zu den Schlachtfeldern bei Manassas zu transportieren – mit dem ersten Verwundeten-Transport kehrten viele aus dem Gemetzel heim.

Wenn Link an seinen letzten Besuch der Bristol-Strecke zurückdenkt, überzieht ein Lächeln sein Gesicht. Am frühen Morgen des 23. Dezember wollte er Zug Nr. 18 in Max Meadows fotografieren, drückte aber nicht auf den Auslöser, weil der aus Richtung Westen kommende Zug in eine schwarze Rauchwolke eingehüllt war, als er ihn passierte. Nach der Vorbeifahrt benutzte Link seinen Spezialschlüssel, öffnete ein N&W-Streckentelefon und bat den Fahrdienstleiter, den Zug anzuhalten und ihn mit weißer Dampfwolke noch einmal vorbeifahren zu lassen! Es mag unglaublich klingen, daß je ein planmäßiger Schnellzug aus einem solch nichtigen Grund angehalten wurde, aber der Fahrdienstleiter spielte tatsächlich mit. Nach mehr als einer Meile Rückwärtsfahrt donnerte der *Birmingham Special* anschließend mit einer prachtvollen weißen Dampfwolke am Fotografen vorbei. Als er den Abzug der Aufnahme in den Händen hielt, war er dennoch nicht ganz glücklich, denn eine Woche später, an einem traurigen Silvesterabend, endete der Dampfbetrieb auf der Bristol-Strecke.

Rechts: Der Zug Nr. 18 donnert ein zweites Mal durch Max Meadows, nachdem Link den Fahrdienstleiter gebeten hatte, ihn zurück- und noch einmal mit weißer Dampfwolke vorbeifahren zu lassen.
Übernächste Seite, links: Mit urgewaltiger Kraft bricht Lok Nr. 1241 der Reihe A aus einem der beiden Montgomery-Tunnels östlich von Christiansburg.
Übernächste Seite, rechts: Der Zug Nr. 17 überquert die Brücke 201 östlich von „Wurno Siding" – so genannt, weil es dort früher kein Ausweichgleis gab: „were no sidings".

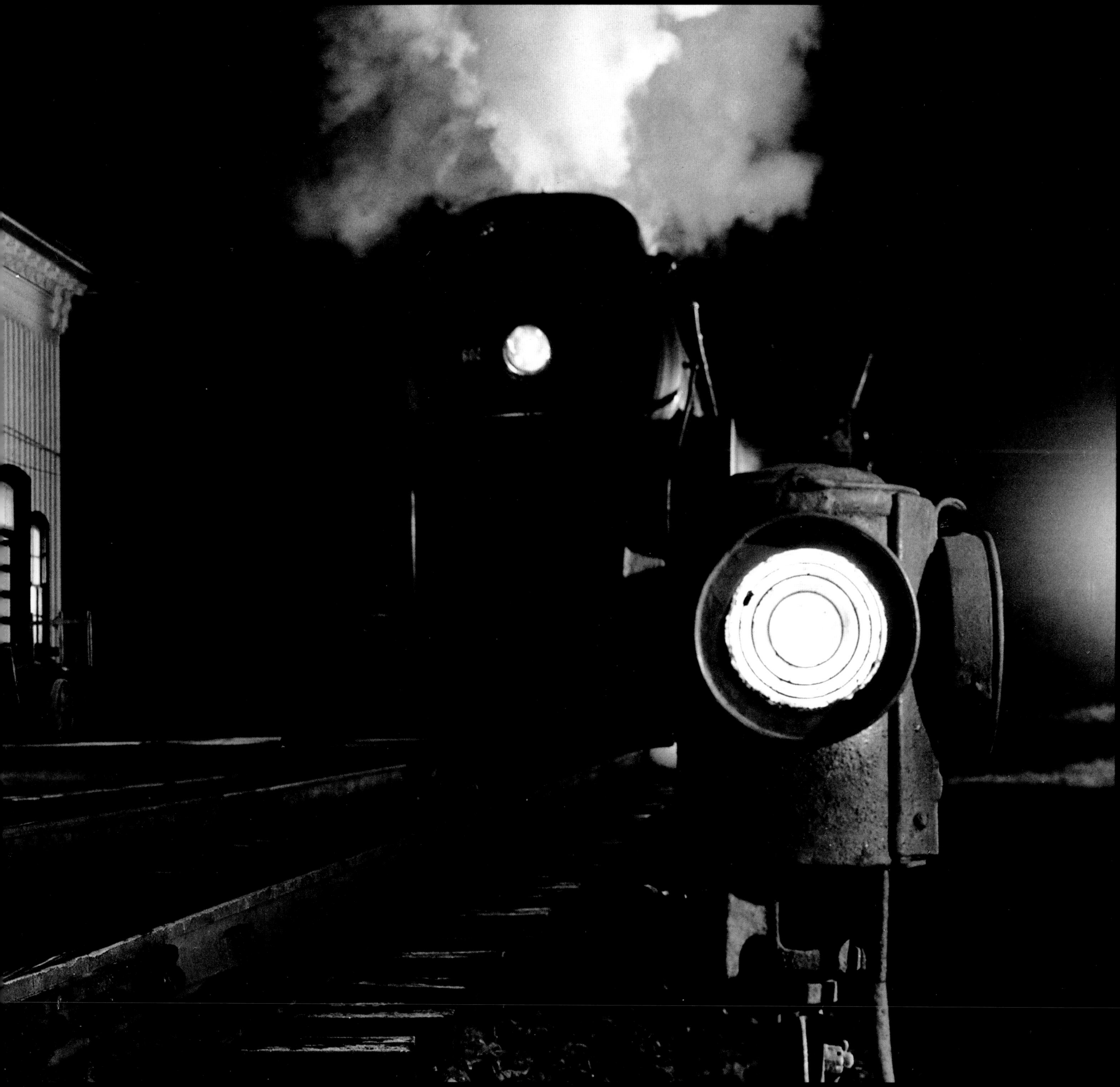

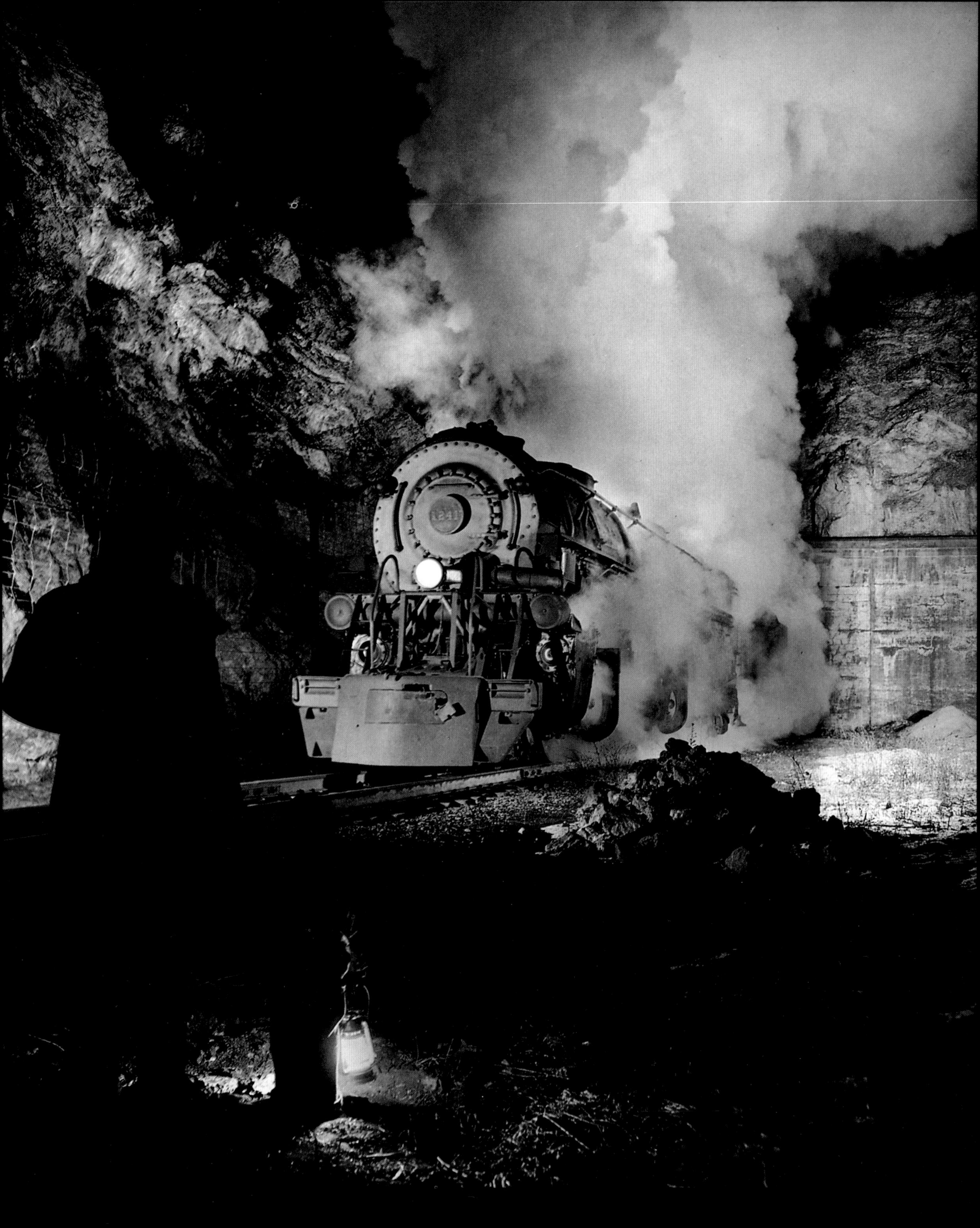

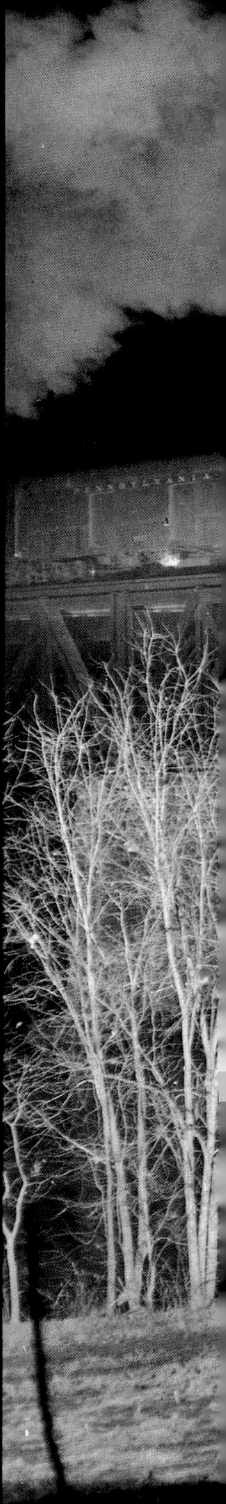

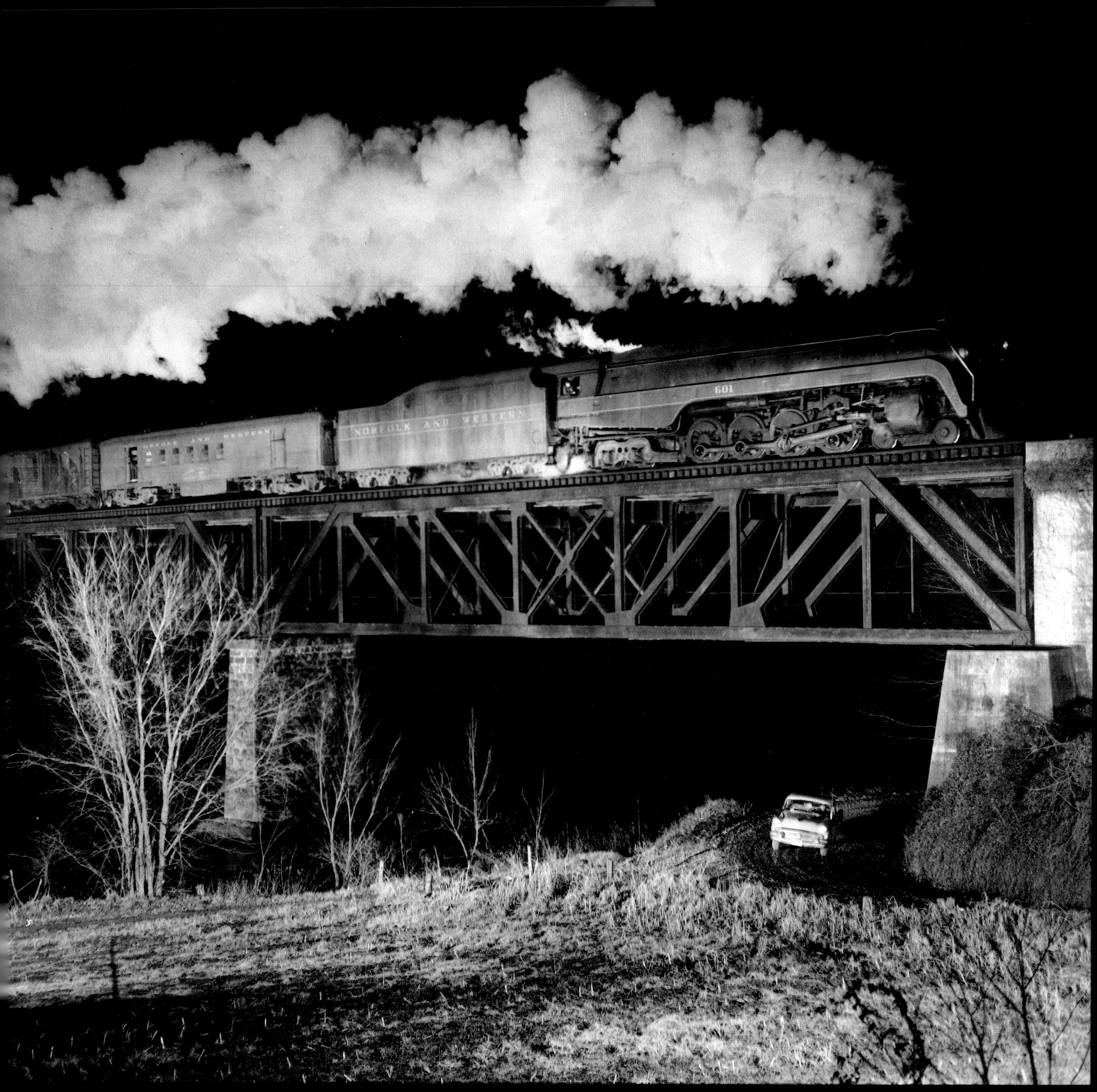

601
NORFOLK AND WESTERN

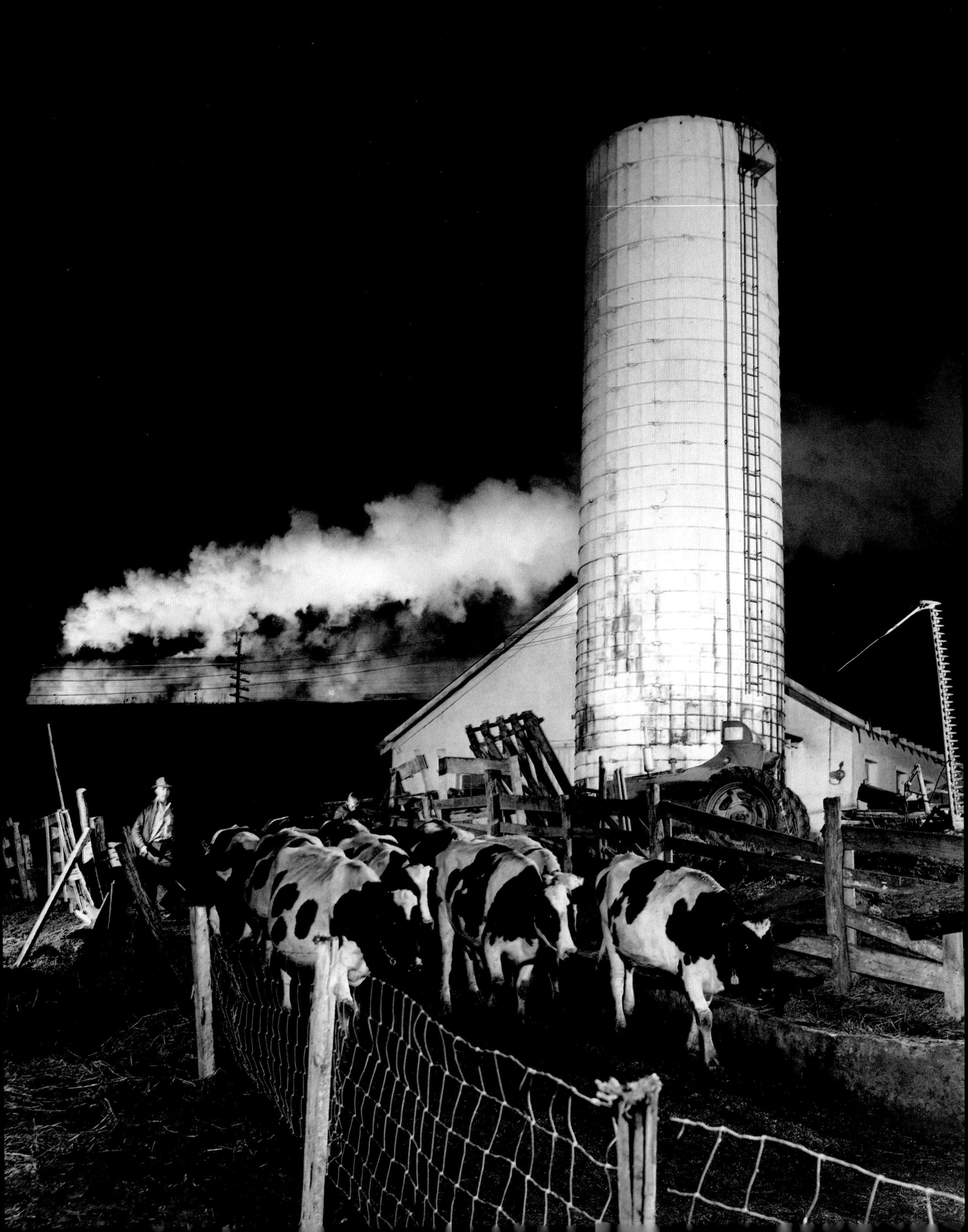

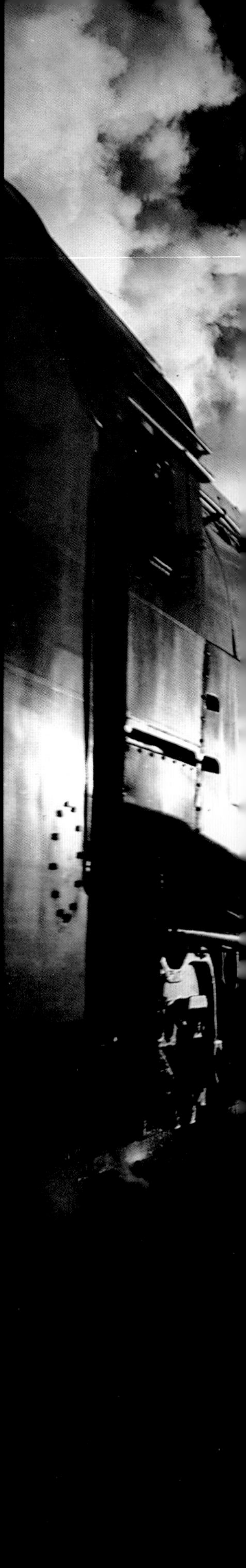

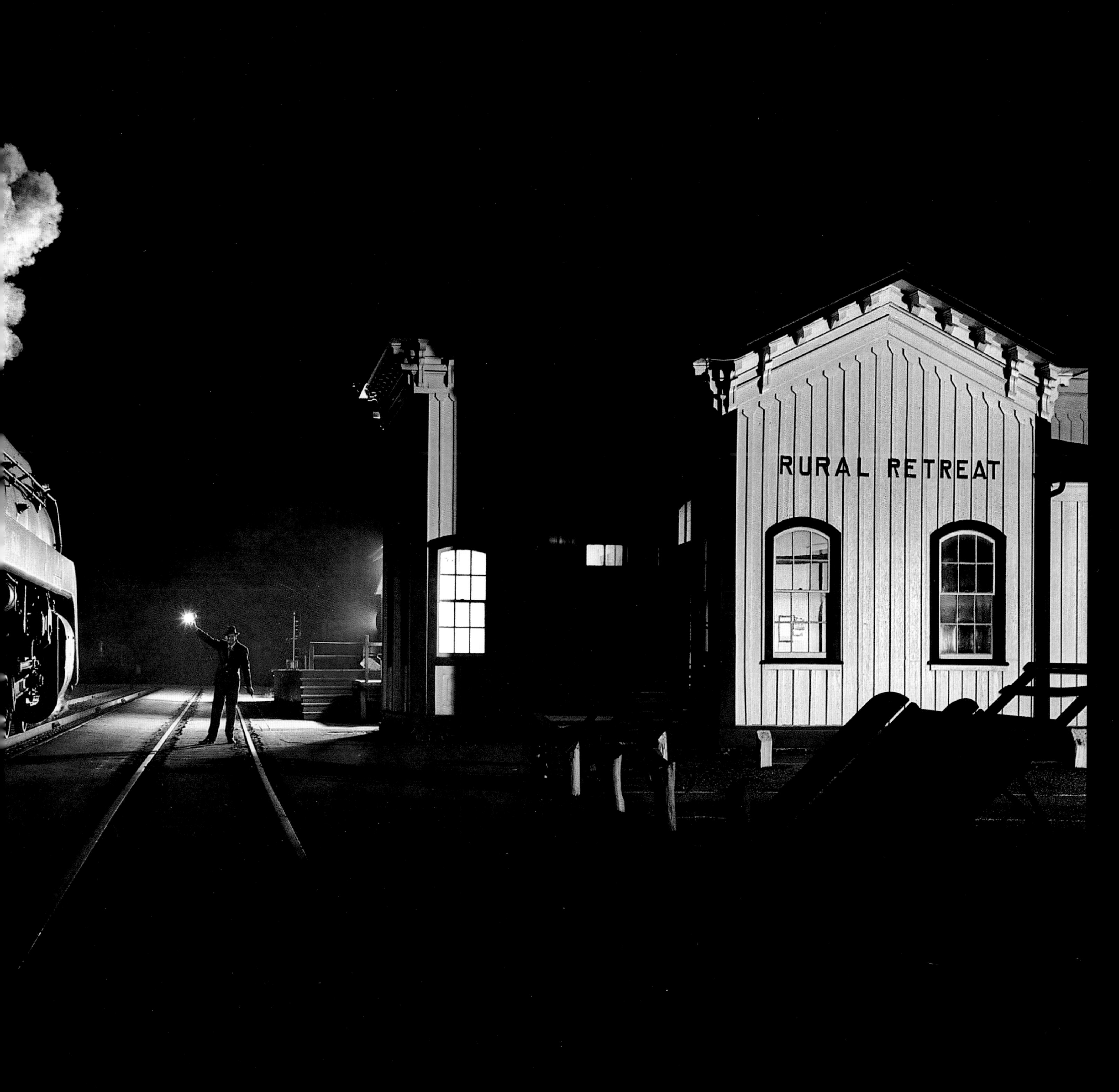
RURAL RETREAT

Vorherige Seite, links: Norval Ryan und sein Sohn treiben in der früh hereinbrechenden Dunkelheit eines Dezembertages ihre Kühe in der Nähe von Shawsville zum Melken, als Zug Nr. 3 *The Pocahontas* auf seiner allnächtlichen Reise nach Cincinnati vorbeifährt.
Vorherige Seite, rechts: Von 1857 bis 1947 repräsentierten Mitglieder der Familie Baumgardner die Eisenbahn in Rural Retreat; zehn Jahre später ist es Bahnhofsvorsteher J. L. Akers, der Zug Nr. 17 durch den nächtlichen Bahnhof winkt. Hinter dem Dienstgebäude befindet sich der „Drugstore", in dem zum ersten Mal der „Soft Drink Dr. Pepper" zusammengemischt wurde.
Rechts: Die riesige Eiche bei Max Meadows mit einem Umfang von über 18 Fuß scheint den westwärts fahrenden *Birmingham Special* mit ihren Ästen förmlich zu umarmen. Link hoffte, eine Eule in den Ästen mit auf das Bild zu bringen, aber er hatte genug damit zu tun, die Bahnstrecke auf einer Länge von 360 Fuß auszuleuchten.

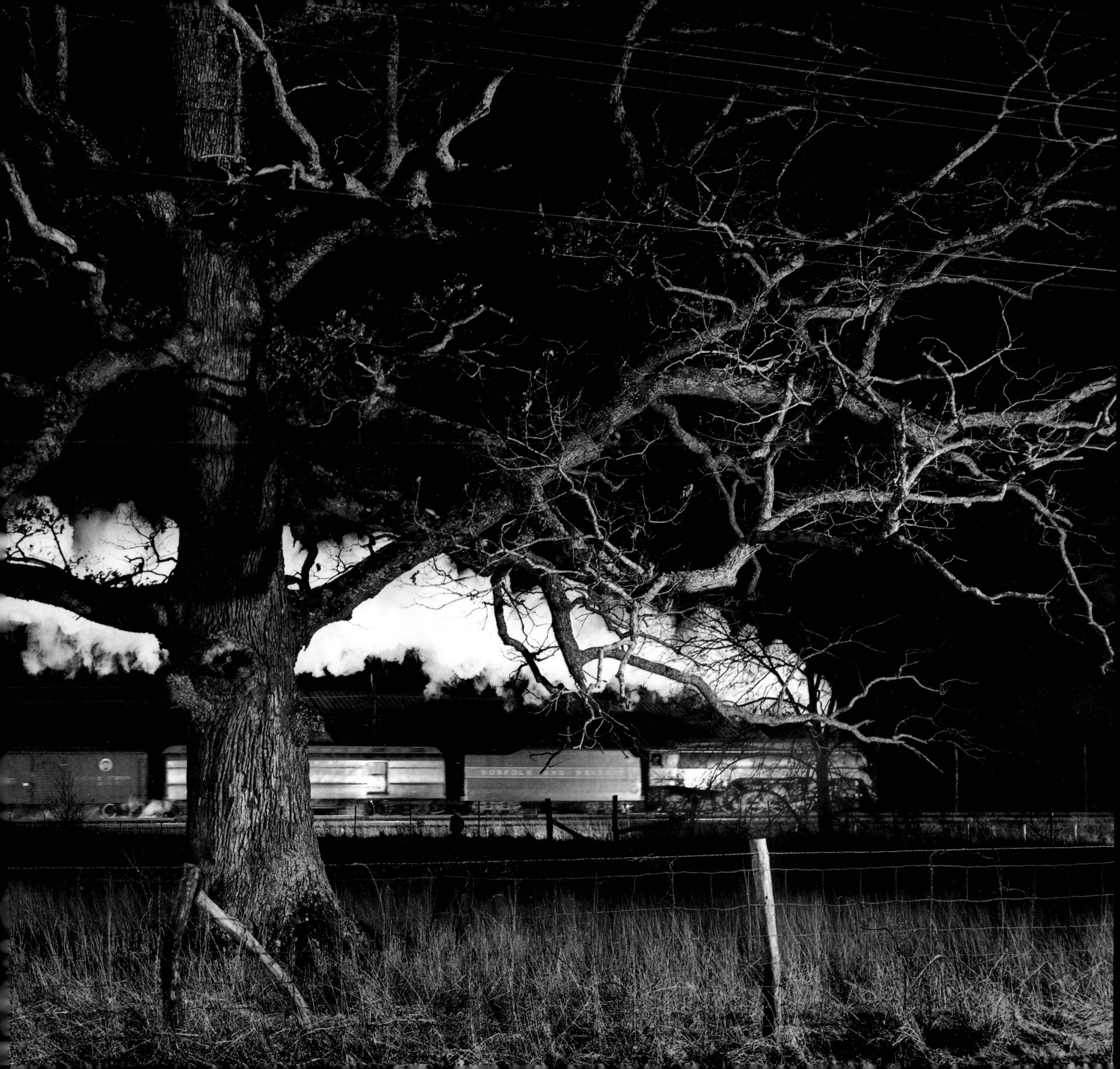

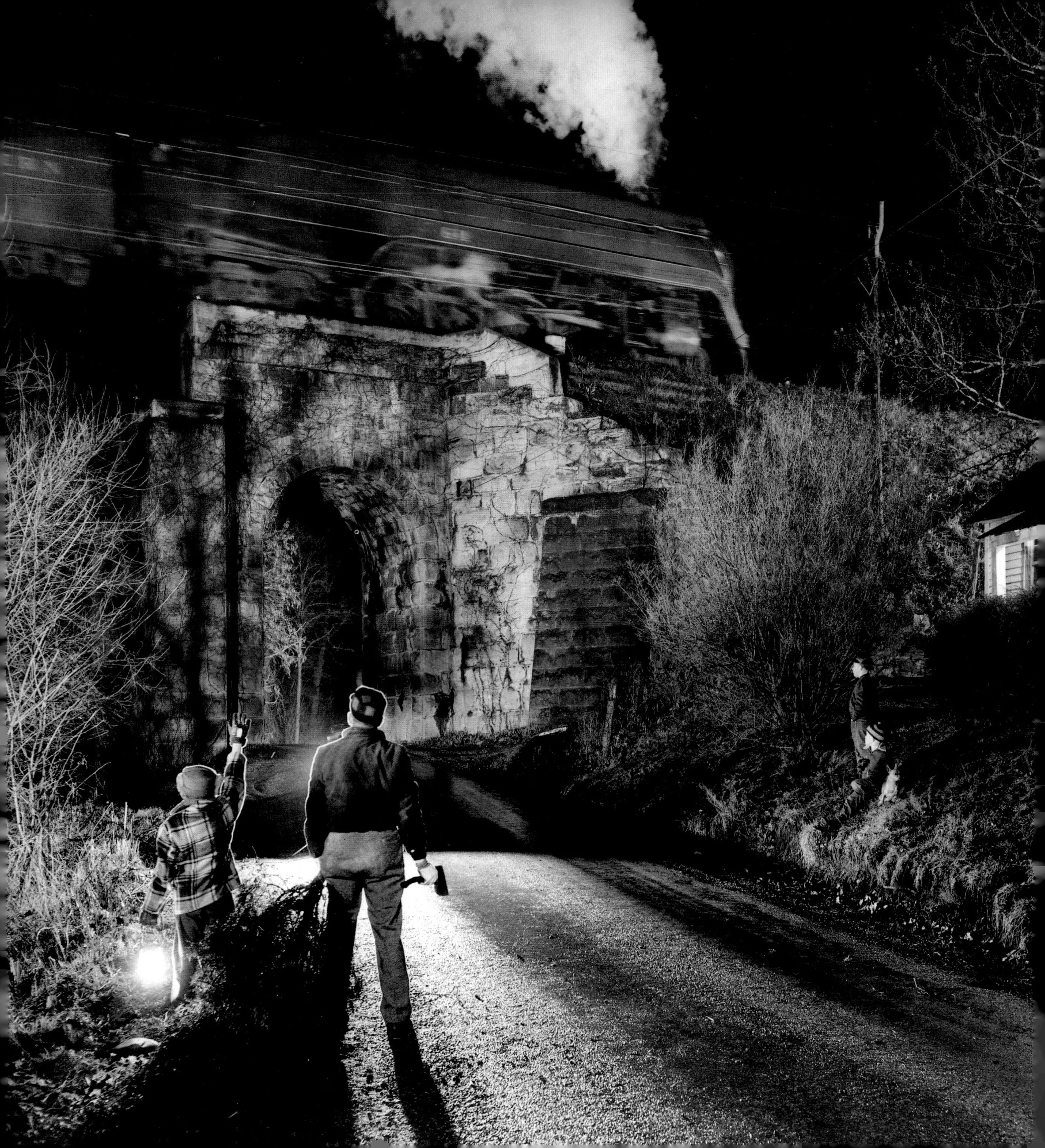

Links: Weihnachtsstimmung in Seven-Mile Ford im Jahre 1957: Charles Jackson, Senior und Junior, haben sich soeben einen Weihnachtsbaum geschlagen und beobachten nun zusammen mit zwei Kindern aus der Nachbarschaft und Hund „Brownie" die „J" Nr. 611, die bei ihrer Fahrt über die Brücke 322 die abendliche Stille unterbricht.

Nächste Seite, links: Abschied von einem „alten Freund": Auf der Veranda ihres viktorianischen Hauses in Max Meadows erleben Mr. und Mrs. Ben Franklin Pope die letzte Fahrt eines Dampfzuges nach Bristol, gezogen von einer Lokomotive der Klasse J. Ben Dulaney ließ es sich nicht nehmen, bei dieser letzten Fahrt am 31. Dezember 1957 im Zug Nr. 17 dabei zu sein.

Nächste Seite, rechts: Jane White und ihr Bruder Ben Dulaney verlassen am 29. Dezember 1957 nach einem Gottesdienst die presbyterianische Kirche in Seven-Mile Ford. Im Hintergrund fährt Zug Nr. 17 vorbei.

Übernächste Seite, links: Auf diesem Foto wird ein berühmtes Bild nachgestellt, das J. A. Burch im Jahre 1875 für die Lake Shore and Michigan Southern malte. Sie warb damit für ihren Zug *The Fast Mail*; Terry Friend und Minnie Tate posieren vor Zug Nr. 42.

Übernächste Seite, rechts: Der Kassierer Greek Blackard arbeitete noch nach Schalterschluß, um sich mit Zug Nr. 42 fotografieren zu lassen, einem Zug, der seit 1902 im N&W-Fahrplan zu finden war. Erstaunlicherweise gab es in Crockett, das nur aus einem Sägewerk und einem Laden bestand, auch eine Bank.

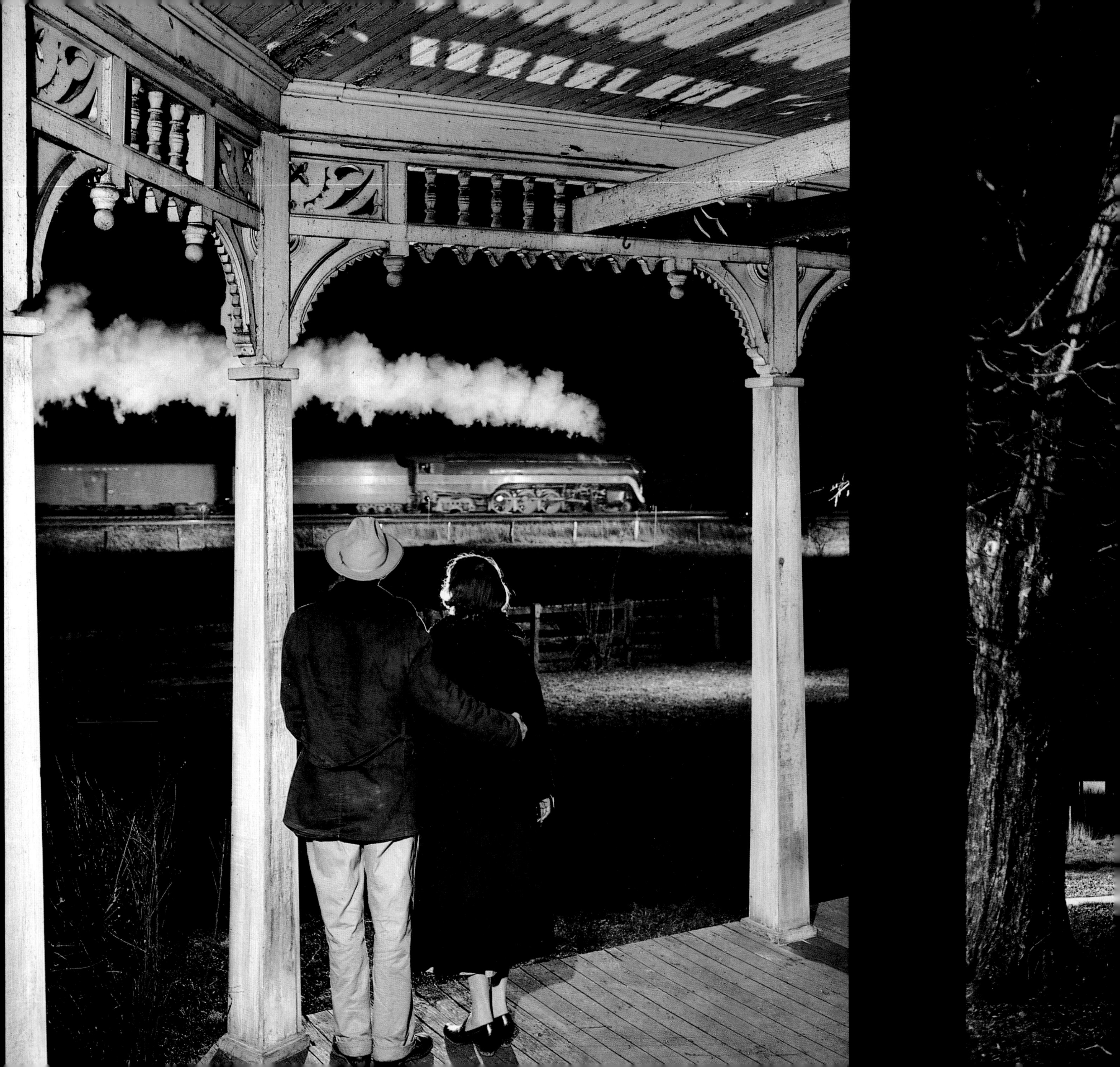

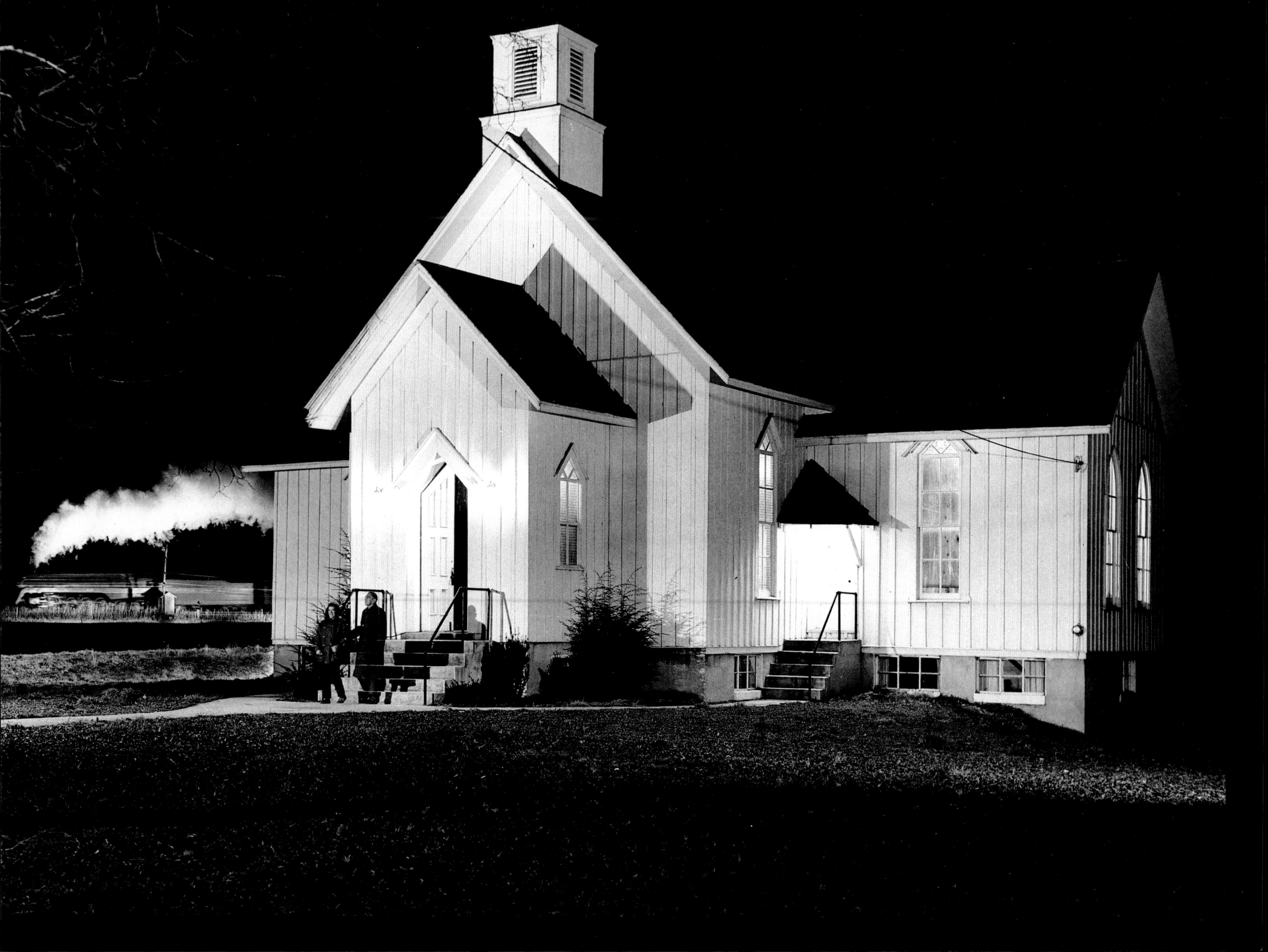

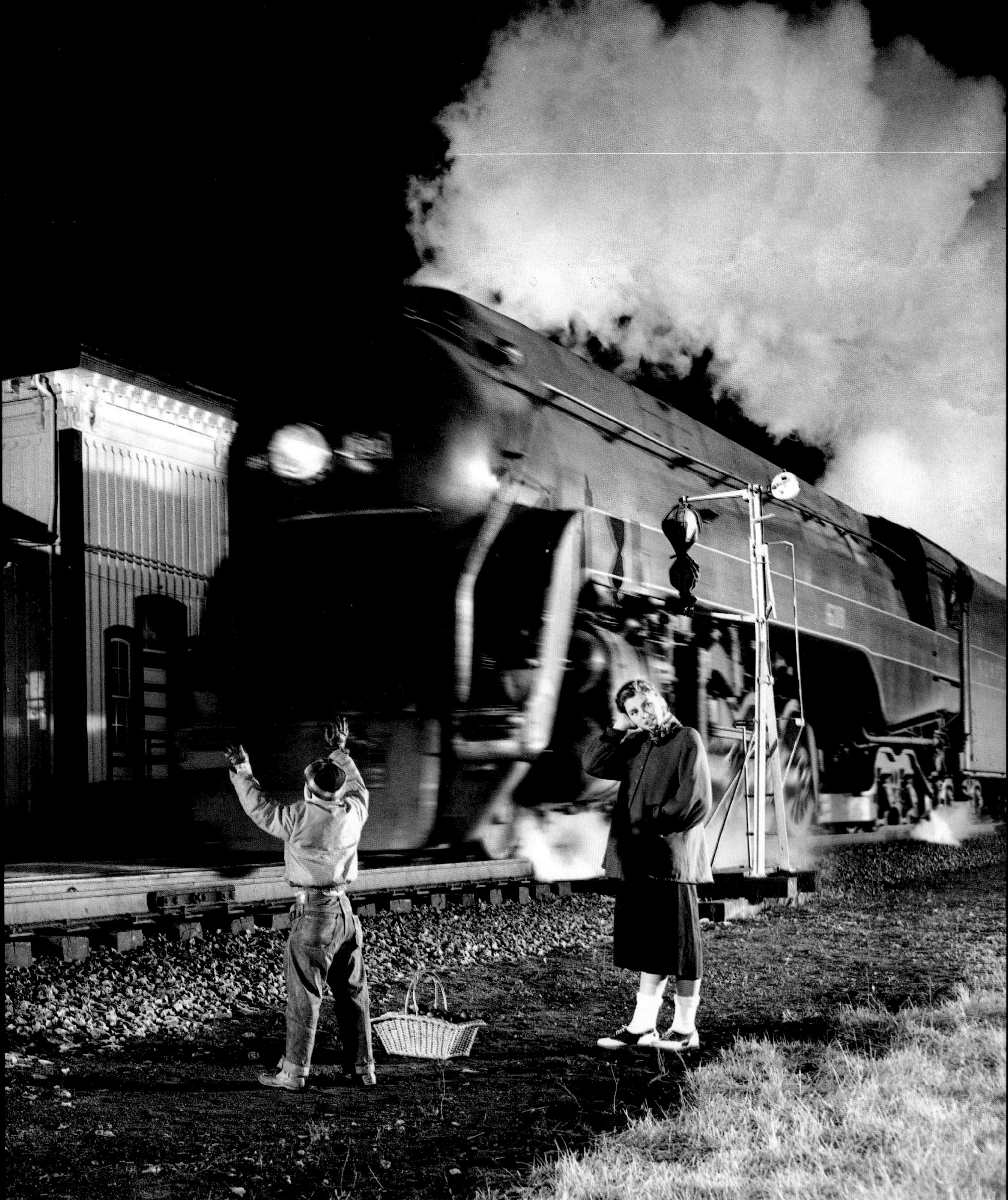
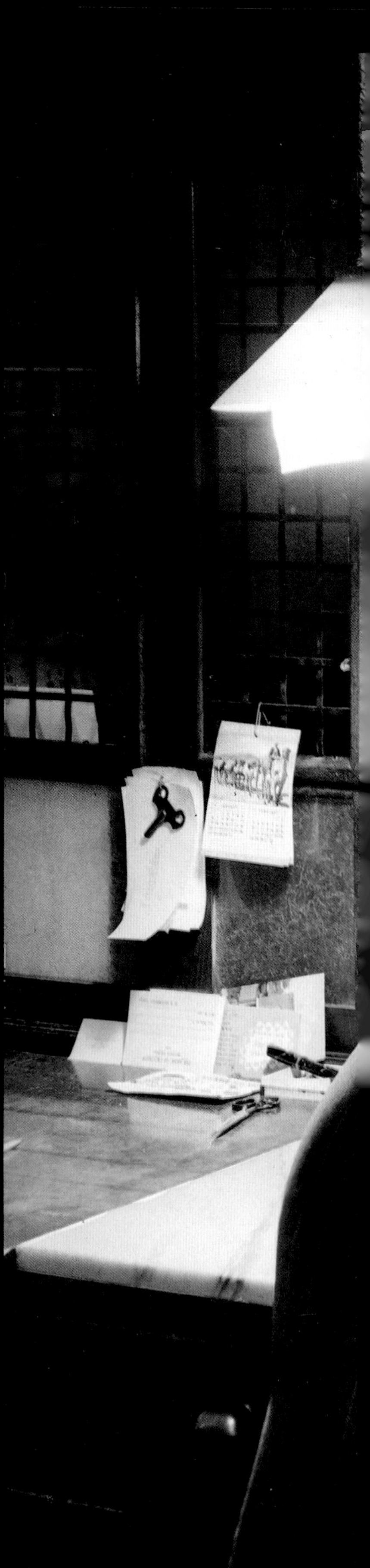

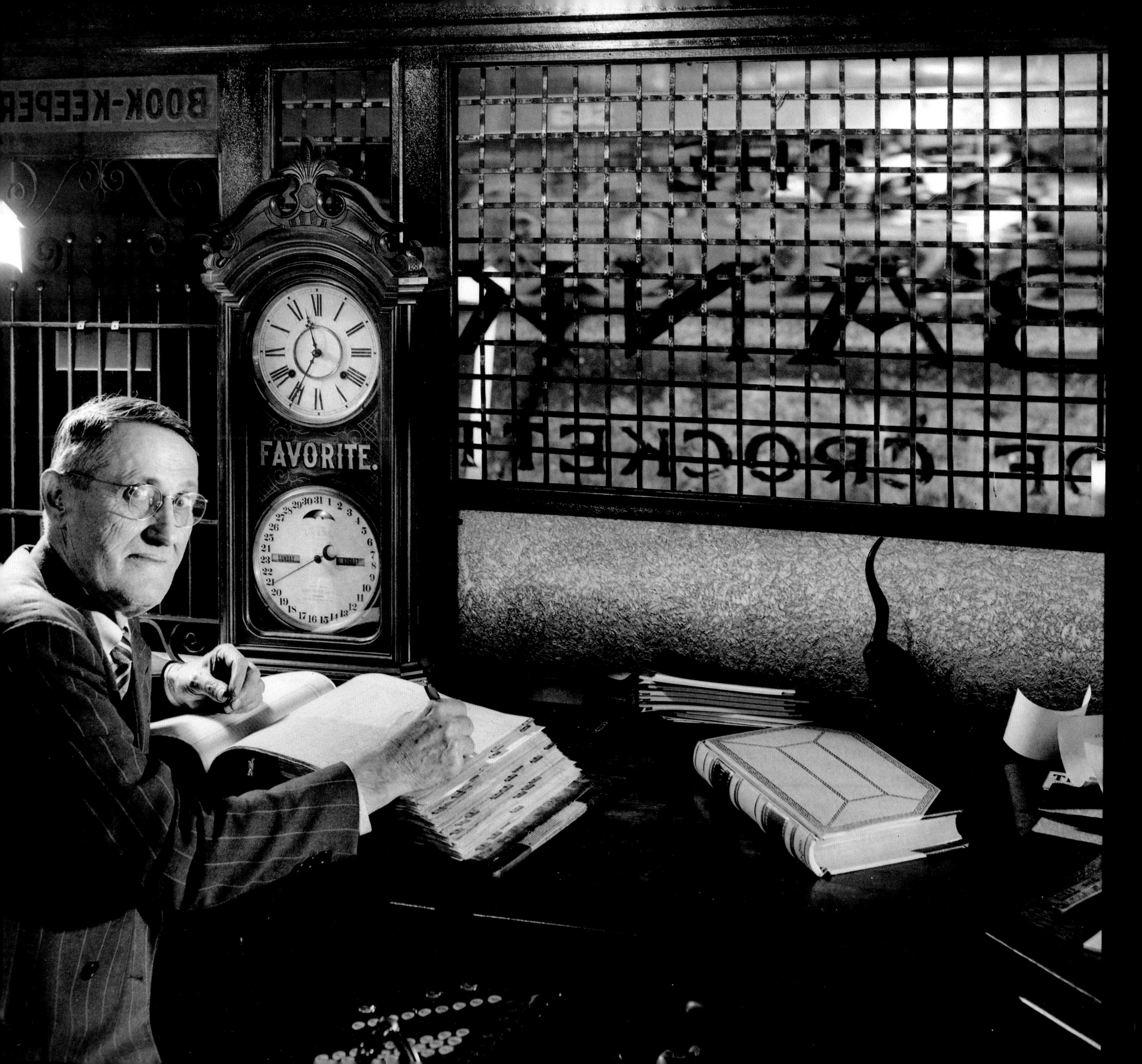
BOOK-KEEPE
FAVORITE.
SUNDAY

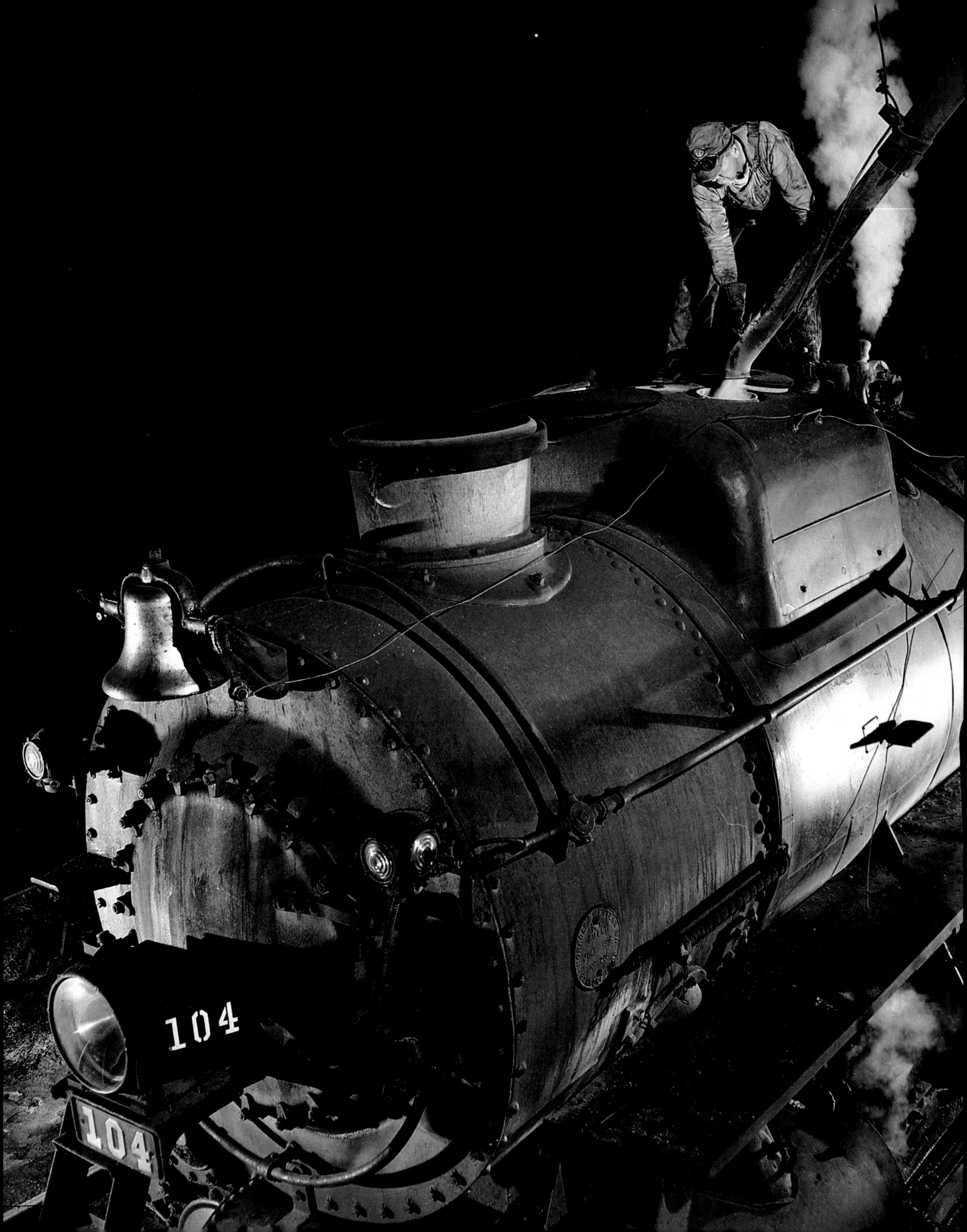
104
104
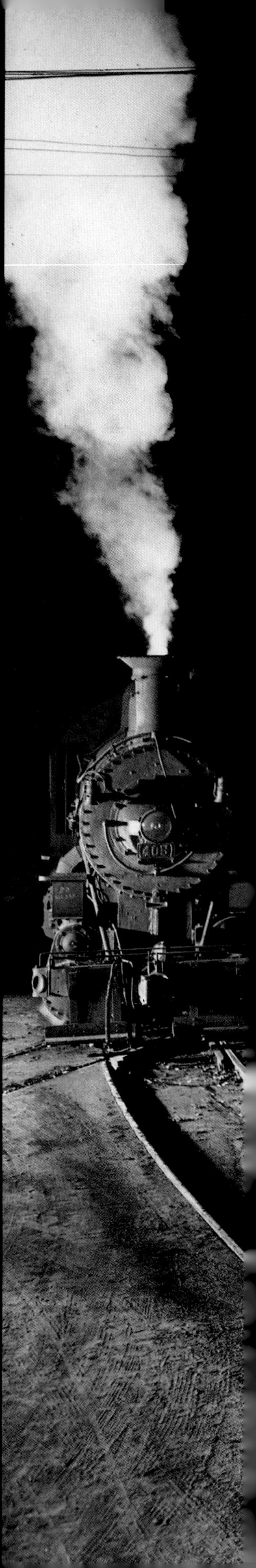

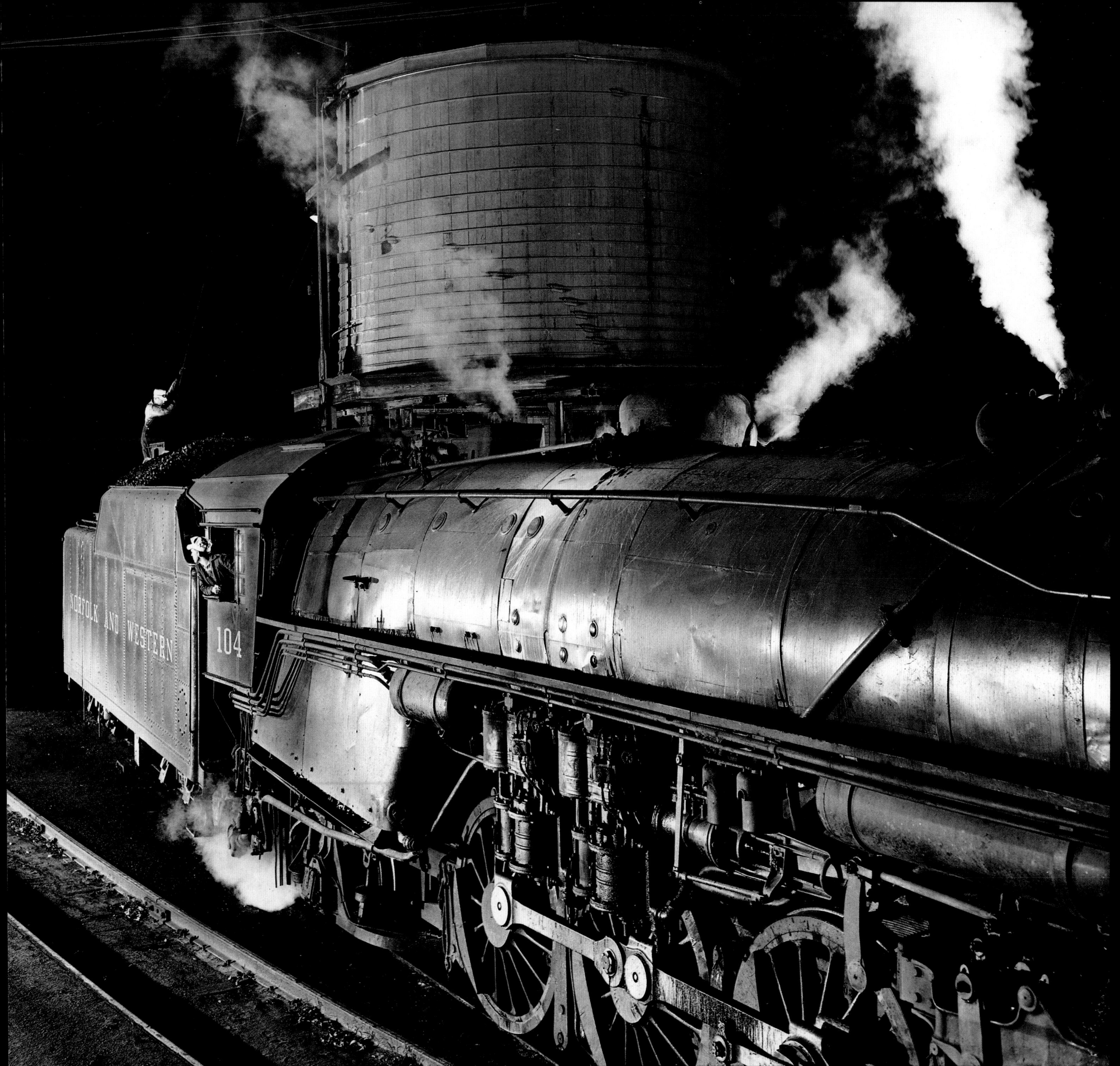
NORFOLK AND WESTERN
104

Vorherige Seite, links: Im 1926 erbauten 16ständigen Rundlokschuppen von Bristol besandet der Schuppenmann T. A. „Andy" Smith die 1916 in den bahneigenen Roanoke-Werken gebaute 4-8-2 Lok Nr. 104 der Reihe K1.
Vorherige Seite, rechts: Nächtlicher Fototermin im Bahnbetriebswerk Bristol: Mit Hilfe von W. D. „Bill" Emmons, der Nachtdienst hatte, werden die Maschinen für Link in fotogerechte Positionen gefahren. Hier rangiert ein „Hostler" die Lok Nr. 104 zum Wasserfassen vor den Wasserturm, während sein Gehilfe das Wasser durch Zug an der Leine in den Tender laufen läßt.
Rechts: Auf Stand 1 des Schuppens spritzt J. H. Pope die schmutzige Front von Lok Nr. 104 ab, während Lok Nr. 382 der Klasse M und Lok Nr. 235 der Klasse S1a noch auf ihre Reinigung warten.

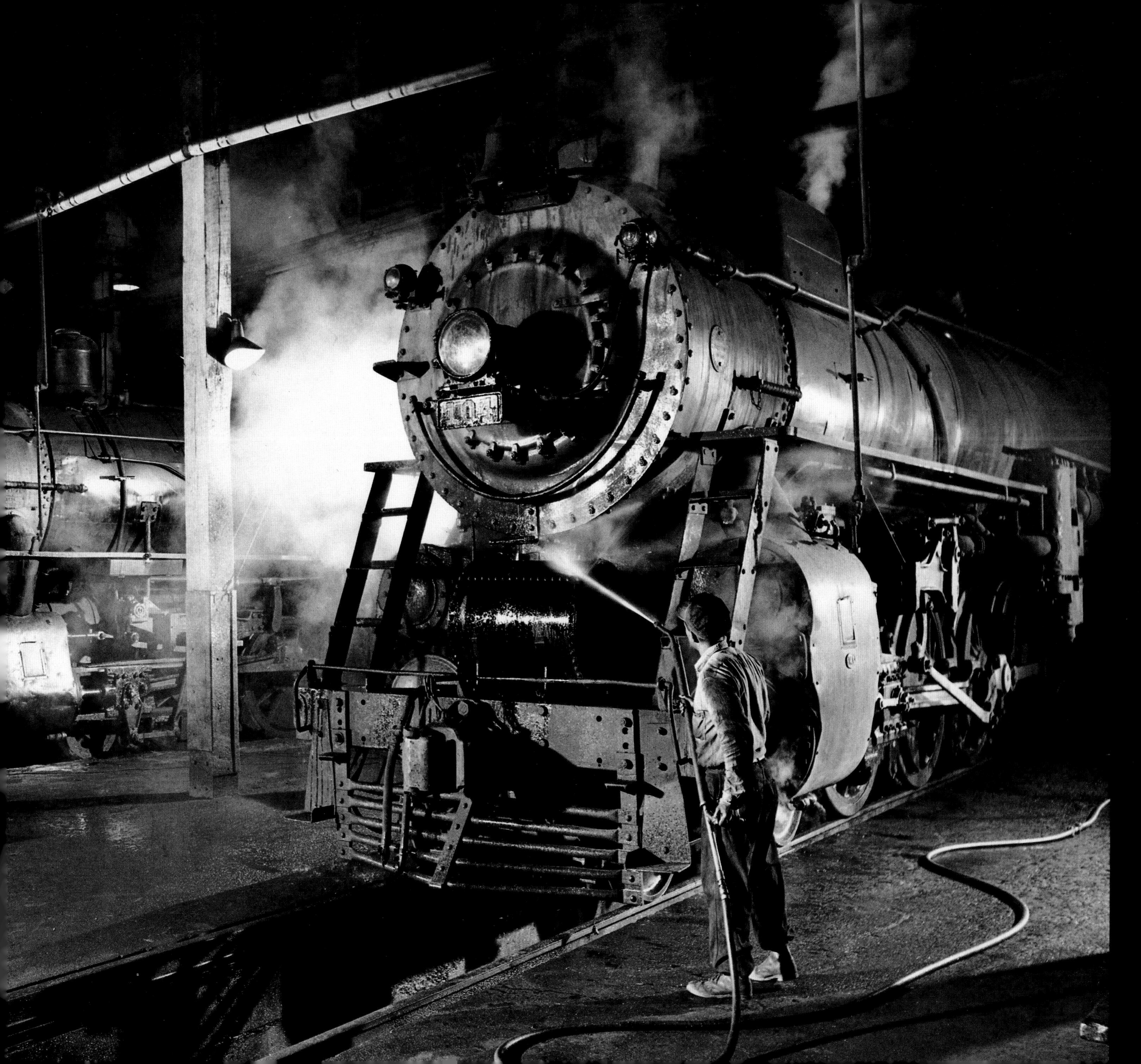

Rechts: Lok 104 wird in Bristol auf der Drehscheibe gewendet, während im Hintergrund die „J" Nr. 606 mit dem *Pelican* den Bahnhof in Richtung Osten verläßt. Dieser Zug war älteren Eisenbahnern noch als *The Vestibule* bekannt. Bevor diese Aufnahme gemacht werden konnte, mußte Link die Kabel zu den aufgebauten Blitzlampen notdürftig flicken, nachdem sie versehentlich von den Rädern der Drehscheibe durchtrennt worden waren.

Unten: Stolz stehen der Werkstattarbeiter O. N. Carroll und sein Gehilfe R. H. Carrier vor den Werkzeugen, mit denen sie täglich zu tun hatten. Die beiden Männer repräsentieren die 21.000 treuen und pflichtbewußten Mitarbeiter, die die Norfolk and Western Railway zu der nach ihrer Meinung besten Eisenbahngesellschaft Amerikas machten.

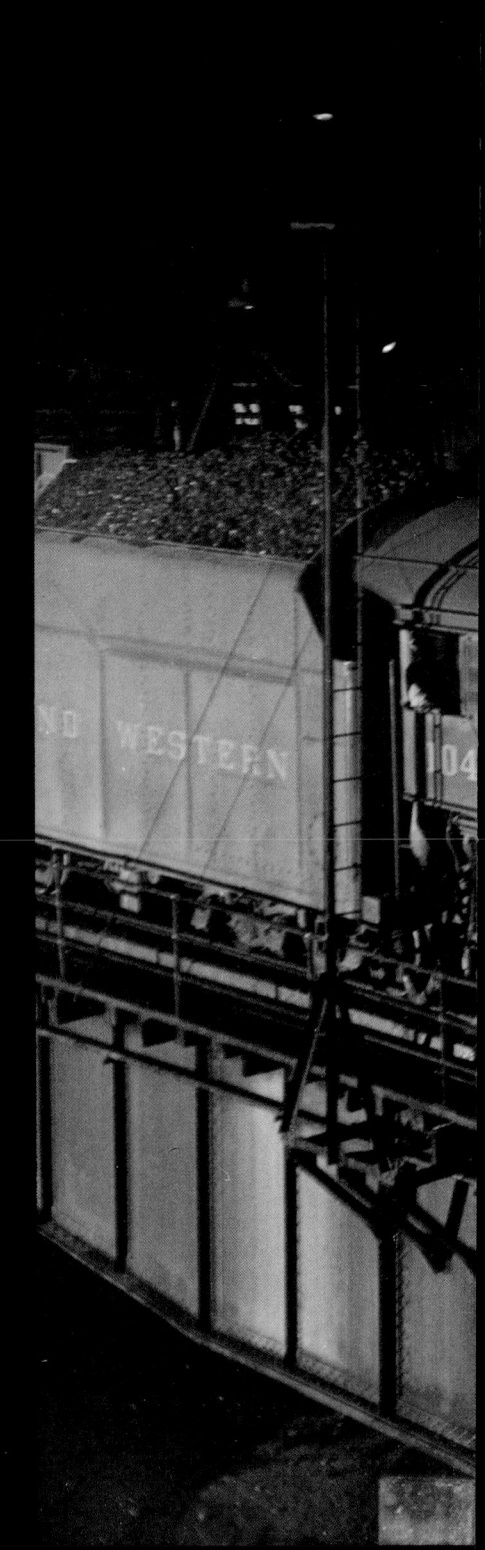

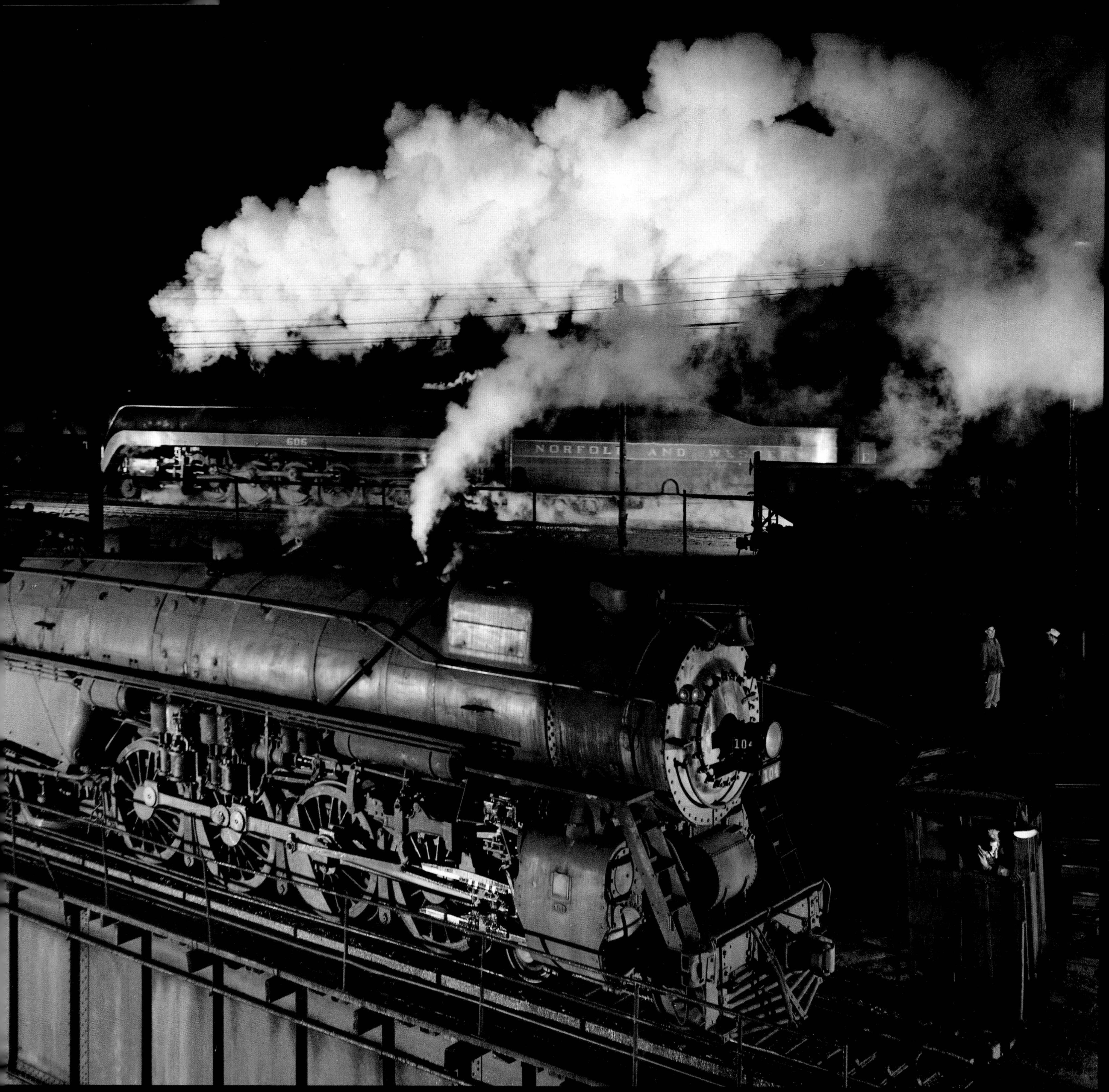
606
104

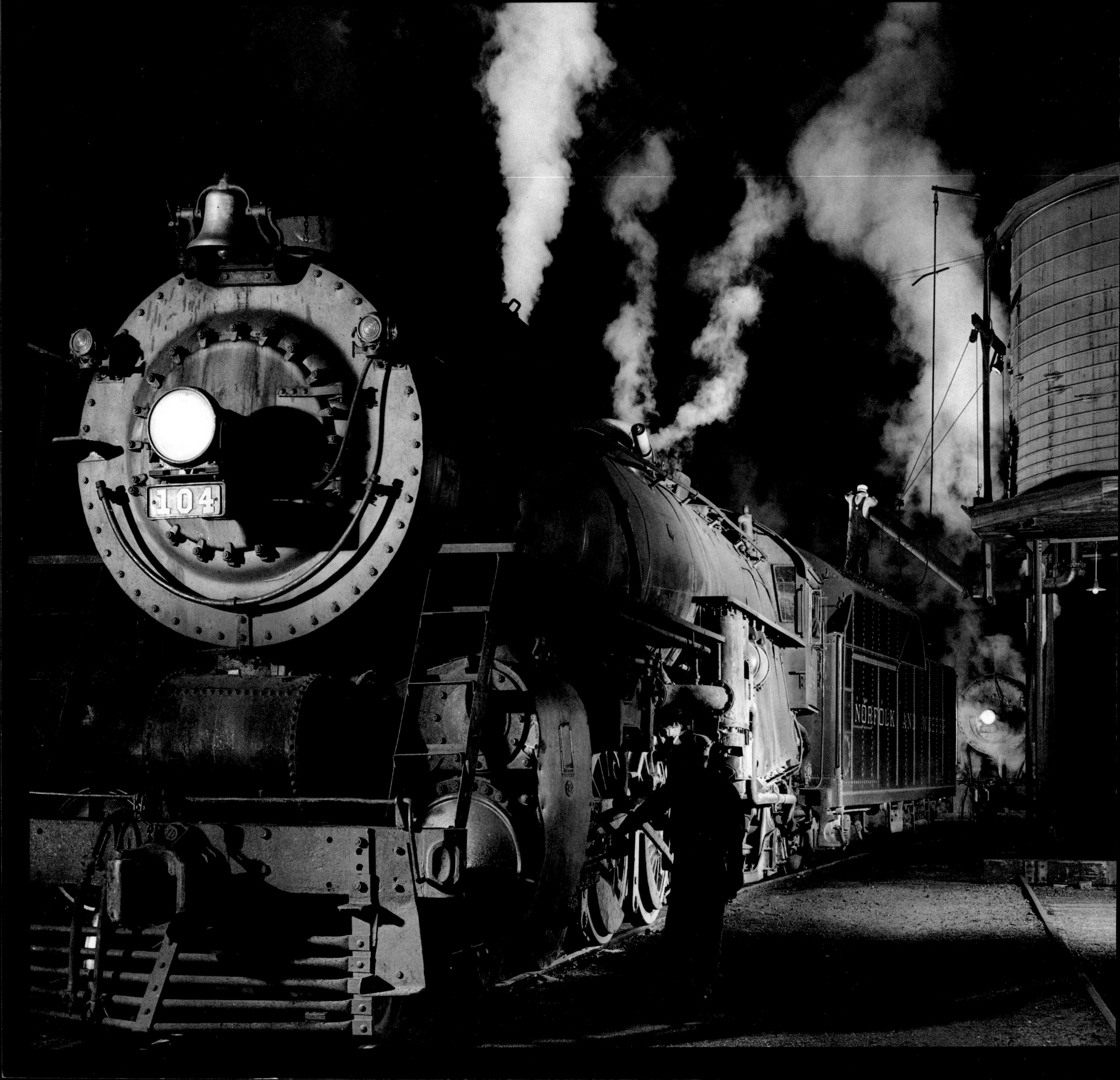
104

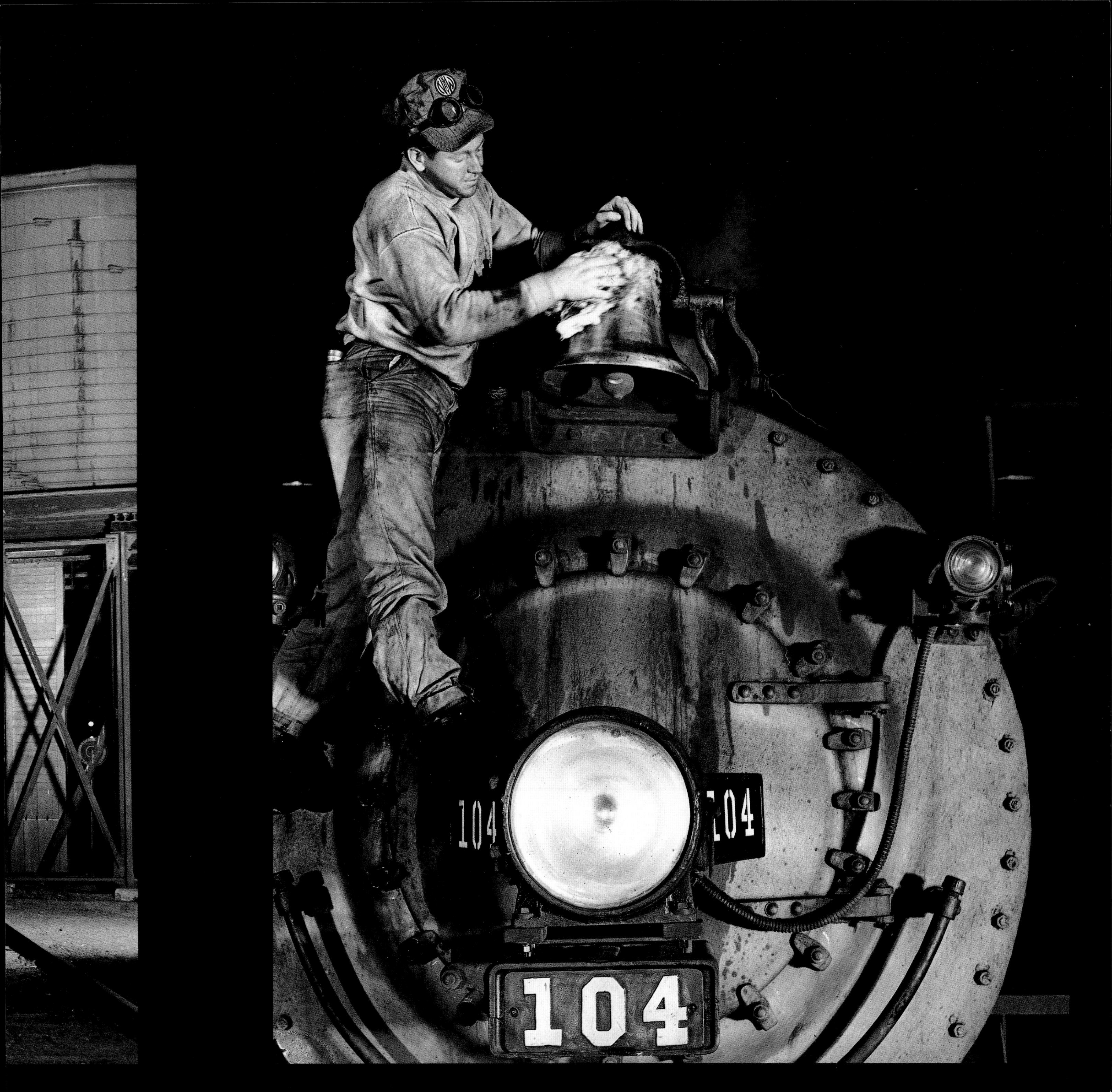
104
104
104

Vorherige Seite, links:
Die „Mountain" Nr. 104 der Reihe K1, bis zur Anlieferung der ersten „J" im Jahre 1941 „Königin der Flotte" und Paradelok der Bahn für den Reisezugdienst, verbrachte ihre letzten Dienstjahre im Nahgüterzugdienst zwischen Radford und Bristol.

Vorherige Seite, rechts:
In der Dampflokzeit war eine saubere Lokomotiv-Glocke das Symbol für eine ordentlich geführte Eisenbahngesellschaft. Im Rundschuppen von Bristol sorgt der Lokreiniger R. E. Booher für den guten Eindruck, den die N&W stets machte.

Rechts: Der Fahrkartenverkäufer A. T. Moody ist in der „Union Station" von Bristol bei der Arbeit. Wie alle Bahneinrichtungen in Bristol wurde auch das Bahnhofsgebäude von der Southern Railway mitbenutzt.

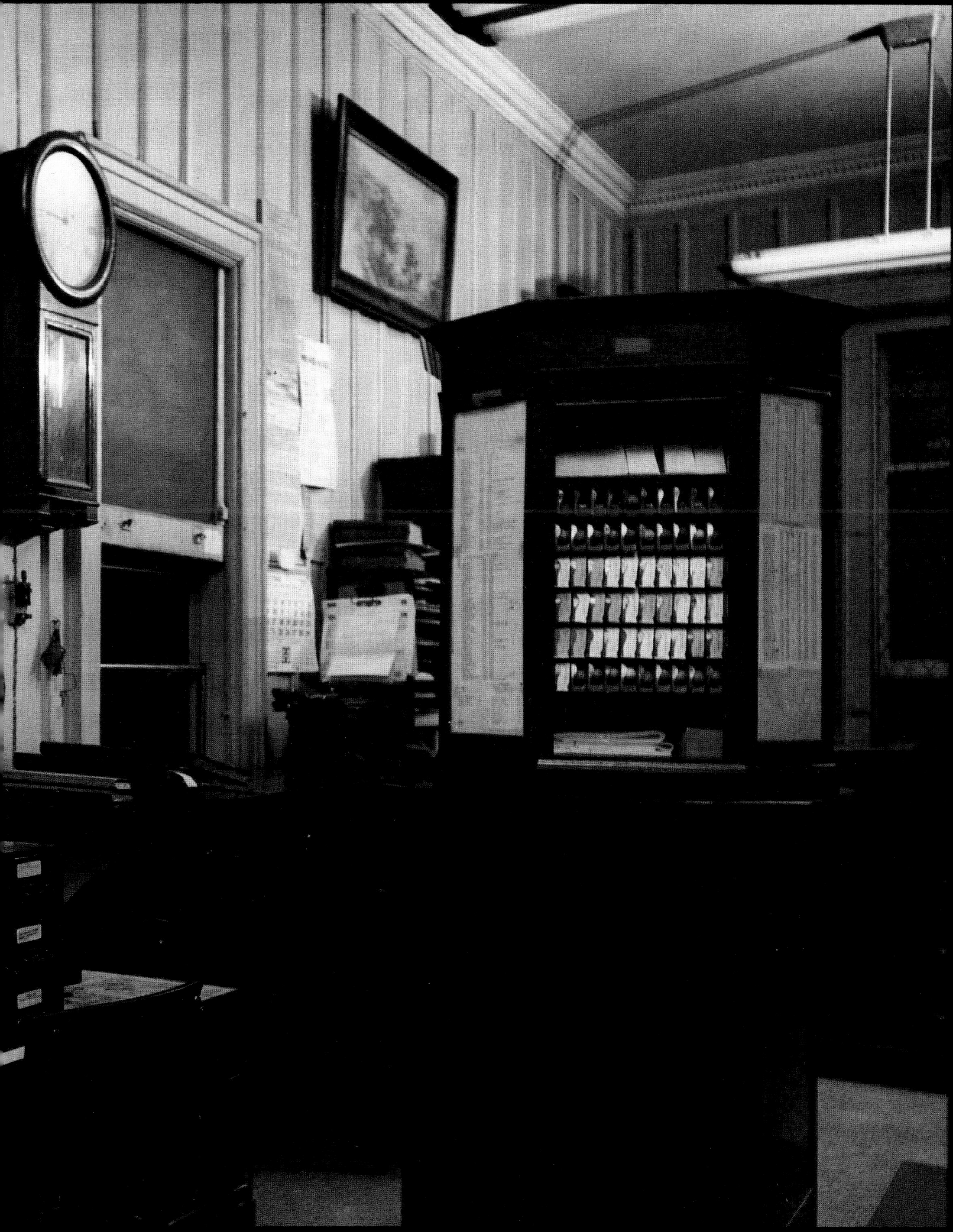

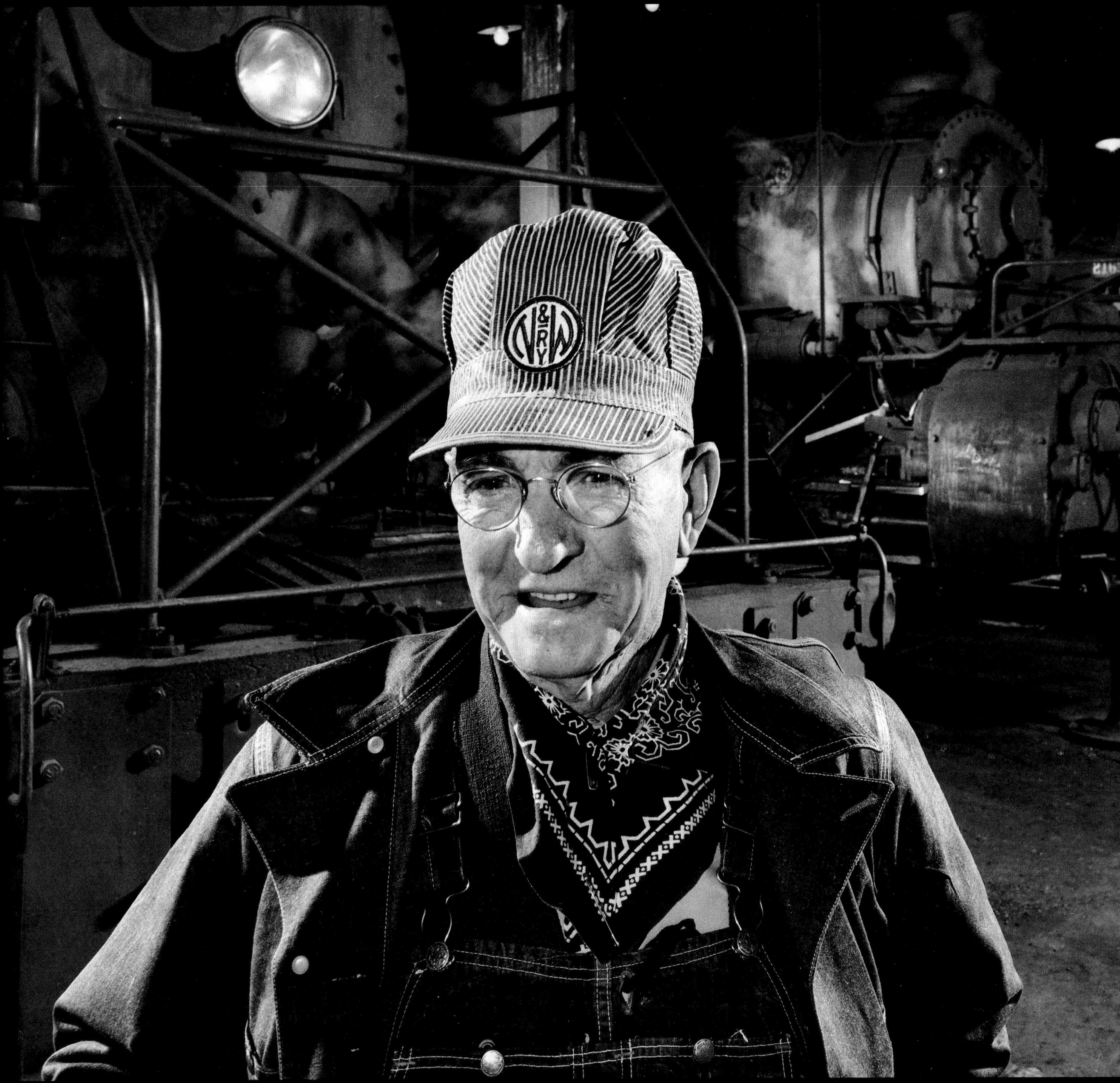
N&W RY.

Williamson, West Virginia, tief unten im Mingo County an der Grenze zu Kentucky gelegen, war ein Ort, dessen Leben unlösbar mit den umliegenden Kohlefeldern verknüpft war. Hier, wo die Scioto und die Pocahontas Divisions zusammentreffen, unterhielt die Bahn den größten Verschiebebahnhof der Welt für Kohlezüge, einen Lokschuppen sowie Ausbesserungs- und Unterhaltungswerkstätten.

Die ganze Nacht über flimmerten überall im weiten Gelände des Rangierbahnhofes Lampen in den verschiedensten Farben. Das Leben in Williamson begann offiziell um 5.15 Uhr, wenn der nach Osten fahrende *Pocahontas* durch die Kurve vor dem Bahnhof rollte und am Bahnsteig zum Stehen kam. Von diesem Moment an eilten Lokmannschaften, Büroangestellte, Zugbegleiter, Werkstattarbeiter, Hilfskräfte, Streckenarbeiter und Weichensteller zu ihren

5
Der stählernen Riesen letzter Atemzug

Arbeitsplätzen, ganz gleich, ob sie nun am Ostende des Bahnhofs neuen Schotter stopfen mußten, eine defekte Speisewasserpumpe einer „A" auszuwechseln hatten, die gerade den Zug Nr. 86 aus Portsmouth gebracht hatte, oder ob es galt, eine Y6 nach Cinderella an der Sycamore-Nebenbahn zu schikken.

In Williamson wurde einem Eisenbahner ebenso

Links: Lokführer J. R. Harrell ist der Stolz auf seinen Beruf deutlich anzumerken, als er während einer Pause im Rundschuppen von Shaffers Crossing fotografiert wird. Danach ging es weiter nach Bluefield, West Virginia, wo sich das Hauptquartier der Pocahontas und Western Divisions befand.

viel Respekt entgegengebracht wie beispielsweise einem Richter, einem Pfarrer oder einem Arzt. Mit offenem Mund standen die kleinen Jungen an der Strecke, wenn ihre Idole vorbeifuhren („Schau mal", wurde da geflüstert, während man sich schubste, „da fährt der alte Walter Carter. Der ist sogar Lokführer des *Pow'tan*"). Williamson: Schmutzig, scheußlich und grau, durch die N&W entstanden und von ihr lebend – Williamson war eine wirkliche Eisenbahnerstadt.

Dieser Ort war die letzte große Bastion der amerikanischen Dampflokomotiven. Die N&W stellte mittlerweile schneller als je zuvor auf Dieseltraktion um, und die Dampflokomotiven wurden dorthin zurückgedrängt, wo sie noch immer unersetzlich schienen und wo sie vor 150 Jahren ihren Weg begonnen hatten. Schließlich gab es nur noch einen Ort, an dem die Pfeife einer Y6 von den Berghängen widerhallte – Williamson. Aber nichts konnte mehr das Leben der letzten Dampfloks verlängern.

Ben Dulaney informierte Link Ende April 1960 darüber, daß er sich beeilen müsse, wenn er noch ein paar Aufnahmen machen wolle. Link hatte noch so viele Ideen, doch die Zeit lief ihm davon.

Am Morgen des 6. Mai 1960 dampfte Y6 2190 mit einem Nahgüterzug, dem *Pigeon Creek Shifter,* auf der Hauptstrecke nach Kermit. Am späten Nachmittag des gleichen Tages durfte die S1a Nr. 291 noch einmal Hilfsdienste im Verschiebebahnhof verrichten. In den frühen Morgenstunden des 7. Mai 1960 kuppelte ein Rangierer die kleine 291 traurig und behutsam an die 2190. In dieser Nacht endeten der Dampfbetrieb und damit auch Links Projekt.

Rechts: J. O. Haden, für die Versorgung der Lok mit Betriebsstoffen zuständig, posiert in Bluefield mit seiner Ölpistole. Die Aufnahme entstand 1955, noch vor der Bürgerrechtsbewegung. Haden hätte sich niemals träumen lassen, daß er einmal zum fahrenden Lokpersonal gehören würde.
Übernächste Seite, links:
Charles Wade ölt die Stangenlager der E2a Nr. 578 in der Abölstation in Bluefield.
Übernächste Seite, rechts:
Noch ein Blick auf die Abölstation in Bluefield: A. L. Poteet benötigte in dieser Julinacht des Jahres 1955 nur 11 Minuten, um Lok Nr. 563 komplett abzuölen.

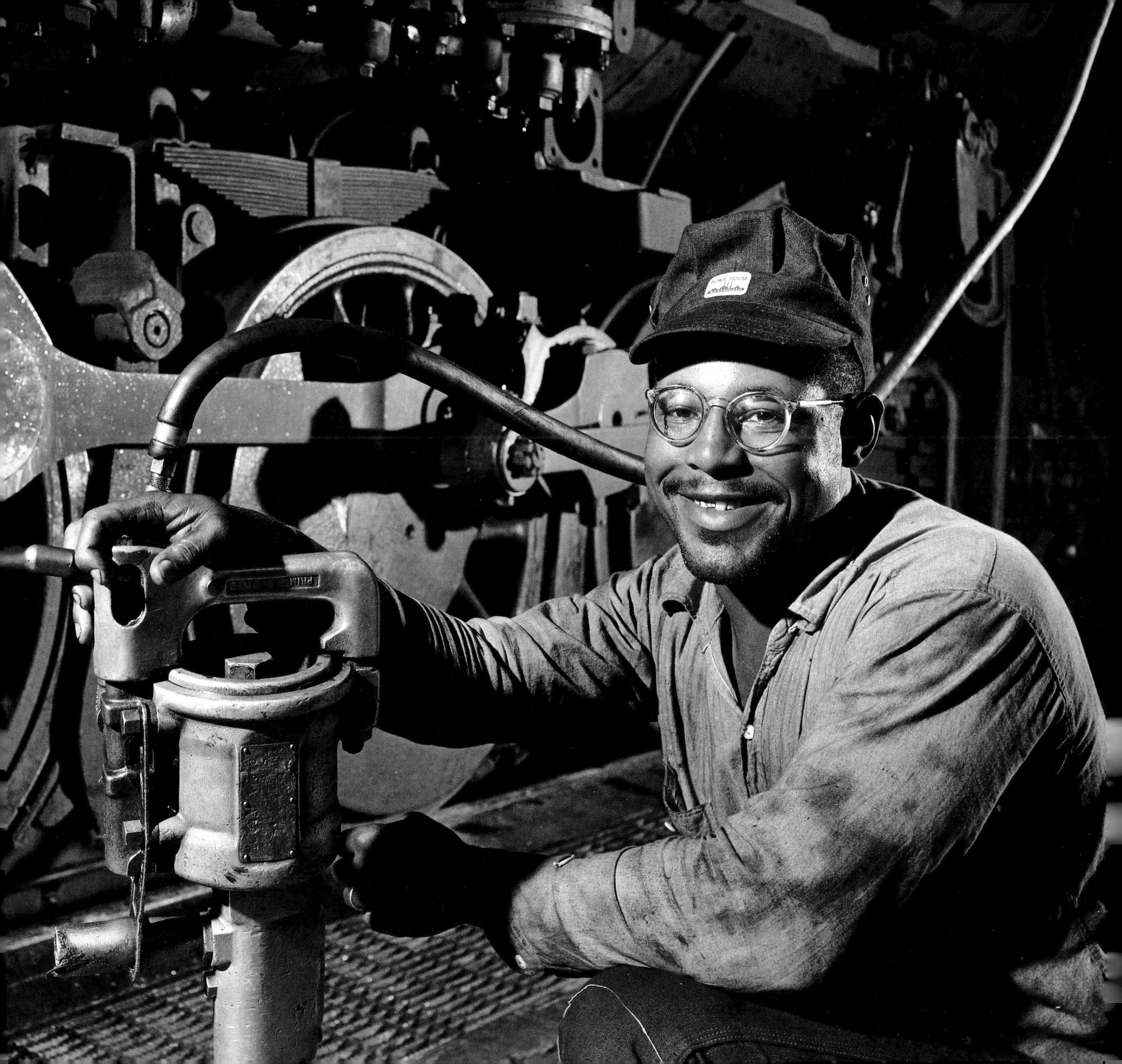
POWR HOUSE

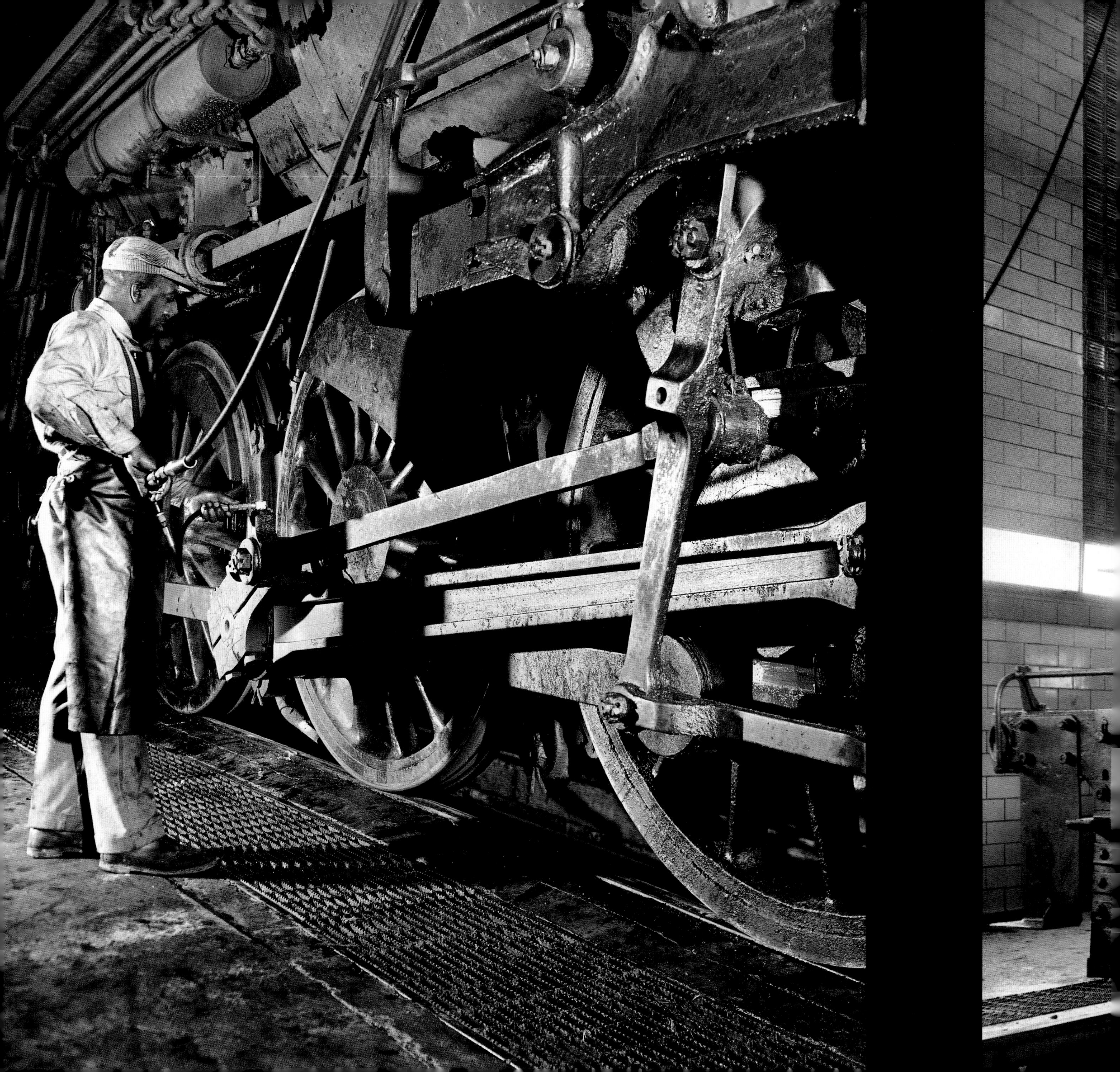

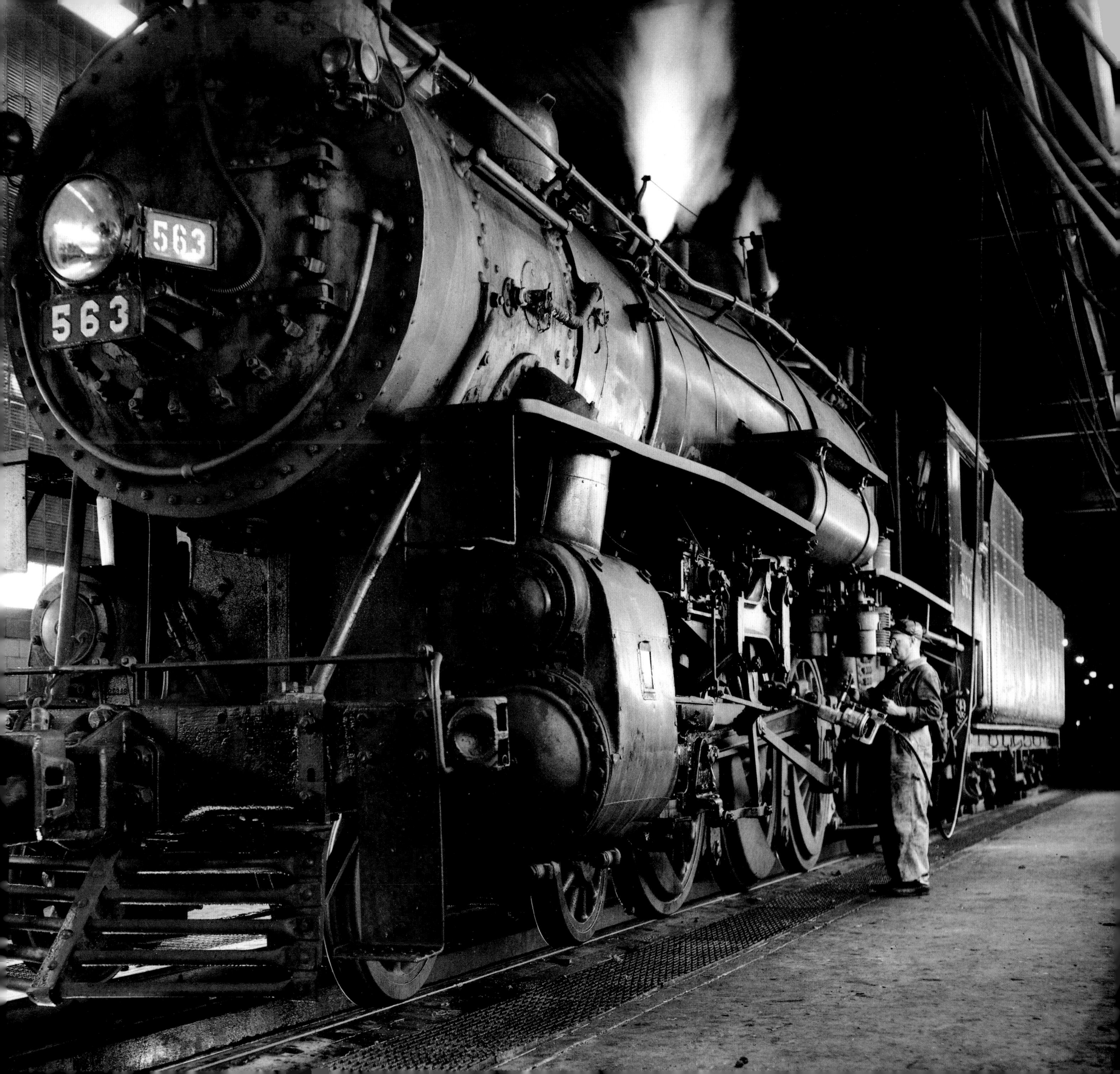
563
563

Stolz präsentieren sich auf diesen Bildern N&W-Eisenbahner, darunter (oben links) Lokführer A. B. „Buddy" Reynolds, der 1959 nach 53 Dienstjahren in den Ruhestand ging, unten links Heizer R. A. Spradlin und Lokführer J. W. Kitts, rechts die Bremser P. H. Dupuy, F. B. Gibson und Clinton Fouch, der Zugführer Greg Preston, der Heizer Joe E. Estes (zwischen Gibson und Fouch) und auf der Leiter zum Führerstand Lokführer J. D. Linck.
Übernächste Seite, links: Zug Nr. 16, der *Cavalier*, verläßt das verregnete Williamson.
Übernächste Seite, rechts:
Dampfschwaden zischen aus den geöffneten Zylinderhähnen der Y6b Nr. 2190 und hüllen Joe Estes ein, der mit dem *Pigeon Creek Shifter* unterwegs ist.

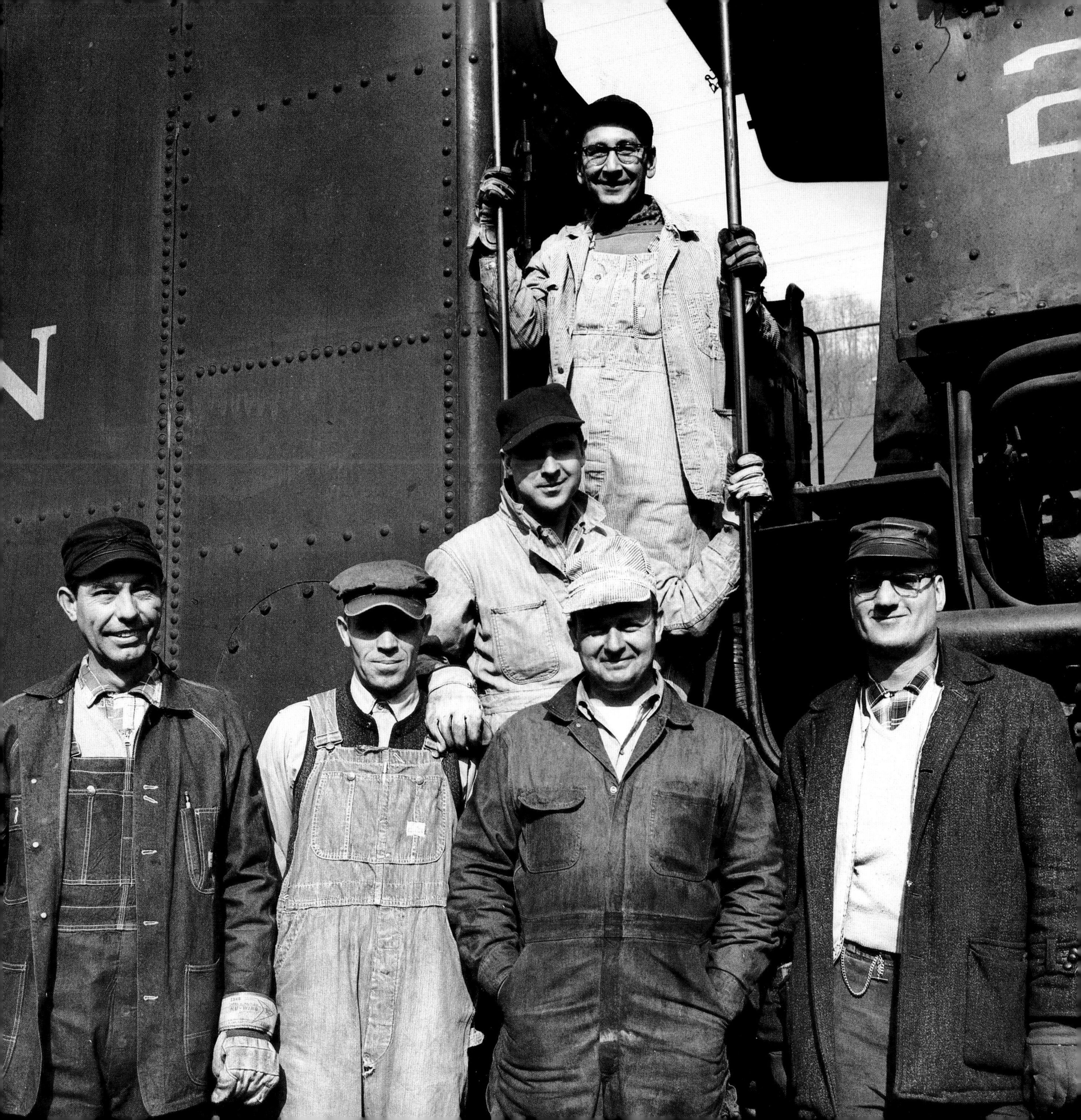

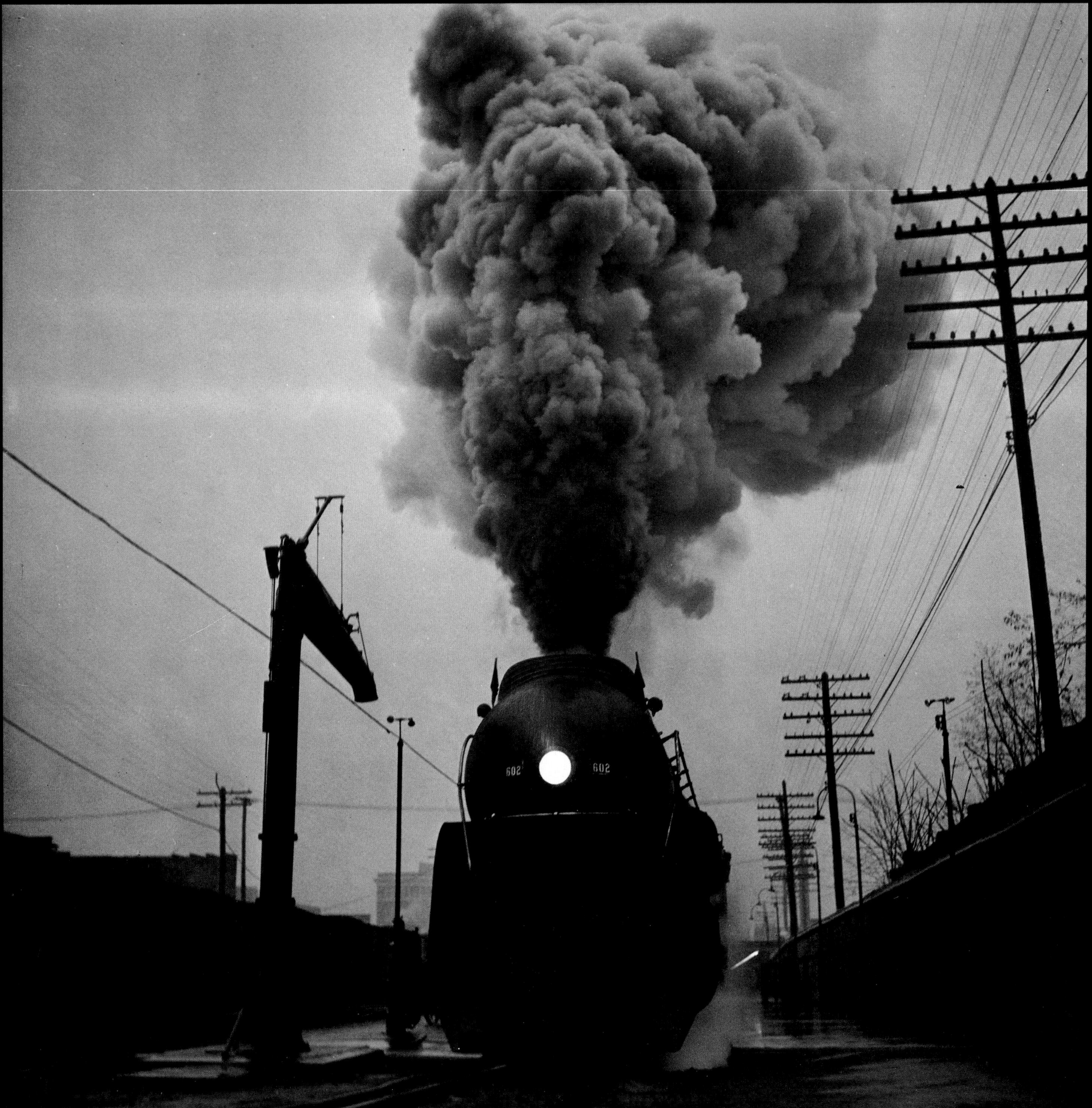
602
602

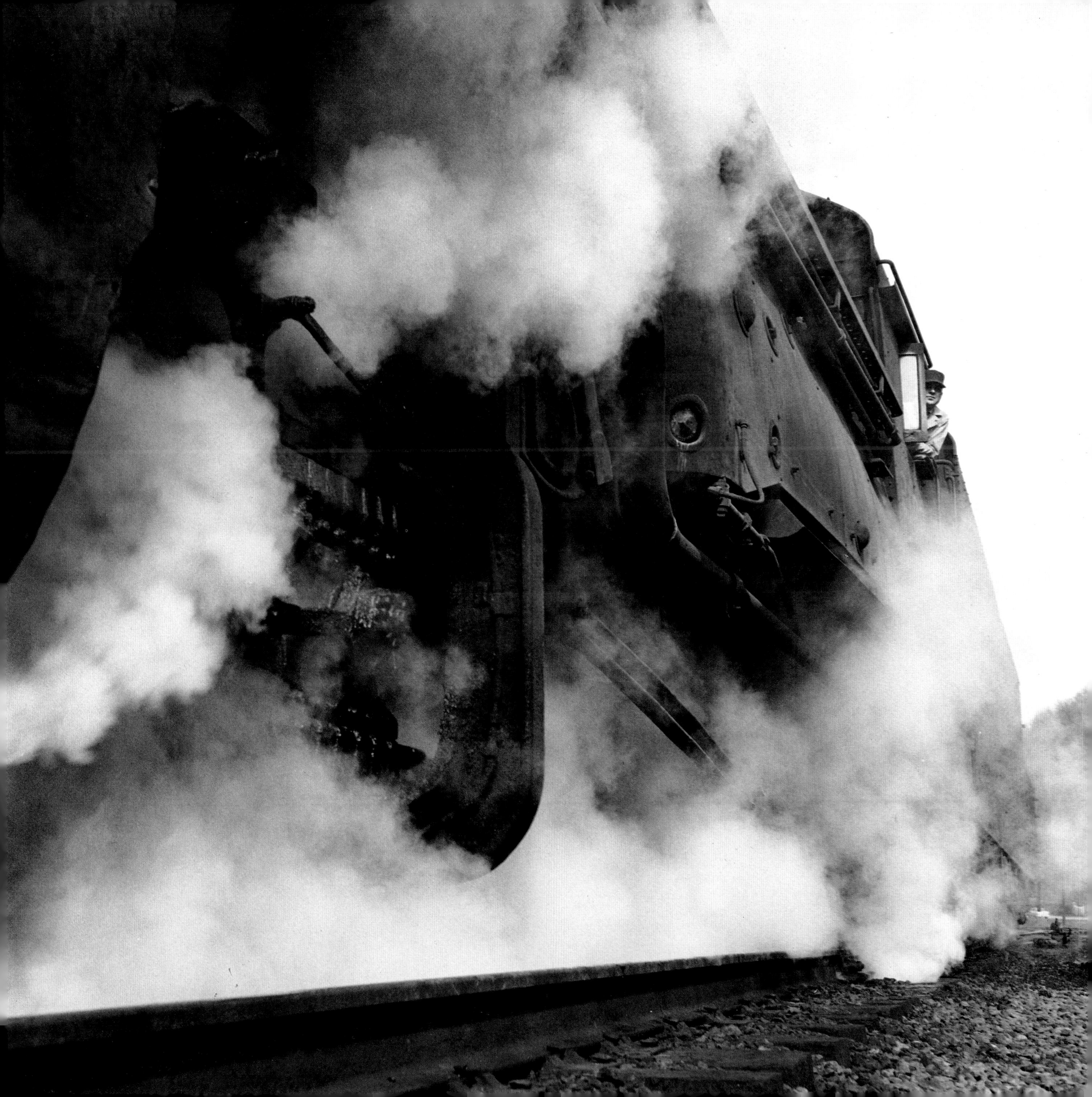

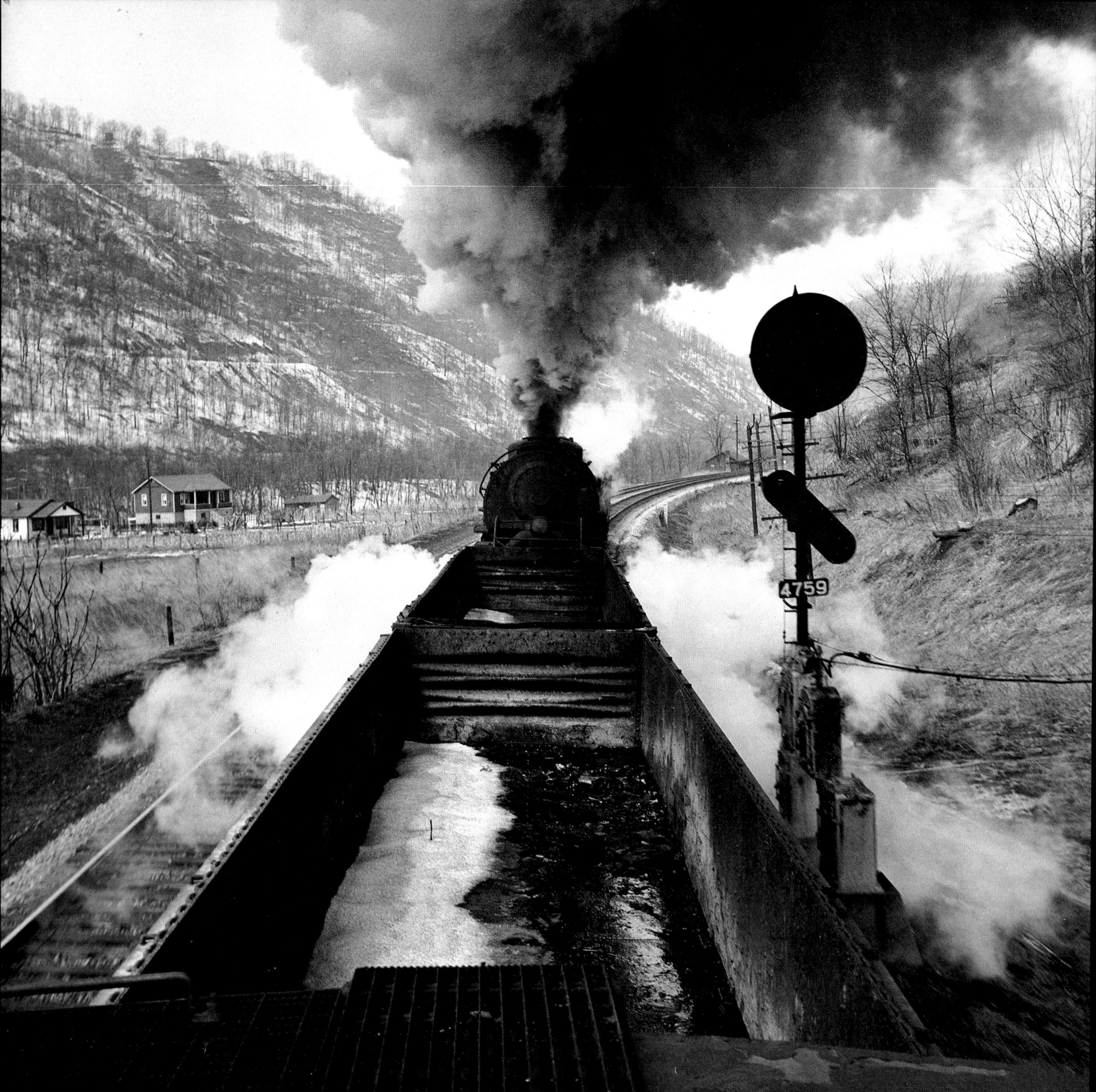
4759

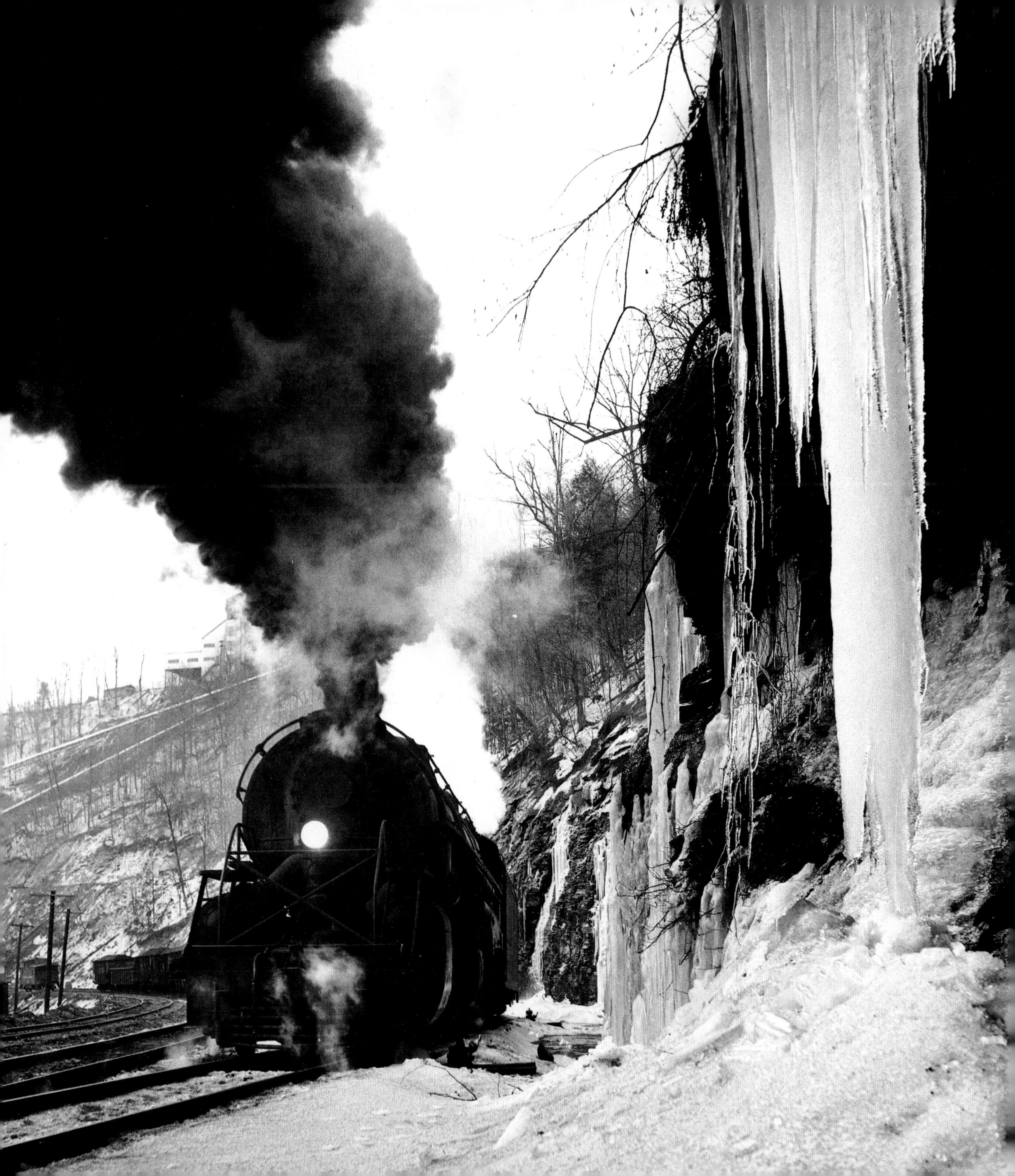

Vorherige Seite, links:
Der *Second Pigeon*, ein Kohlezug, fährt im März 1960 von einer Y6b Tender voraus gezogen, auf der Hauptstrecke von Williamson nach Kermit durch das Kohlerevier West Virginias.
Vorherige Seite, rechts:
Am 16. März 1960, knapp zwei Monate vor ihrer Abstellung, war schon abzusehen, daß der Kessel der Y6b Nr. 2190 einmal so kalt sein würde wie die Eiszapfen nahe der Massey-Kohlenmine bei Gilbert, West Virginia.
Rechts: Y6 Nr. 2136 donnert durch den endlos erscheinenden, mit Steinquadern und Ziegeln ausgemauerten Tunnel am Westrand von Williamson. Für die Anfertigung dieser Aufnahme hatte Link darum gebeten, die Richtung Westen fahrenden Züge über das ostwärts führende Gleis umzuleiten, um seine Blitzlichtanlage aufbauen zu können.

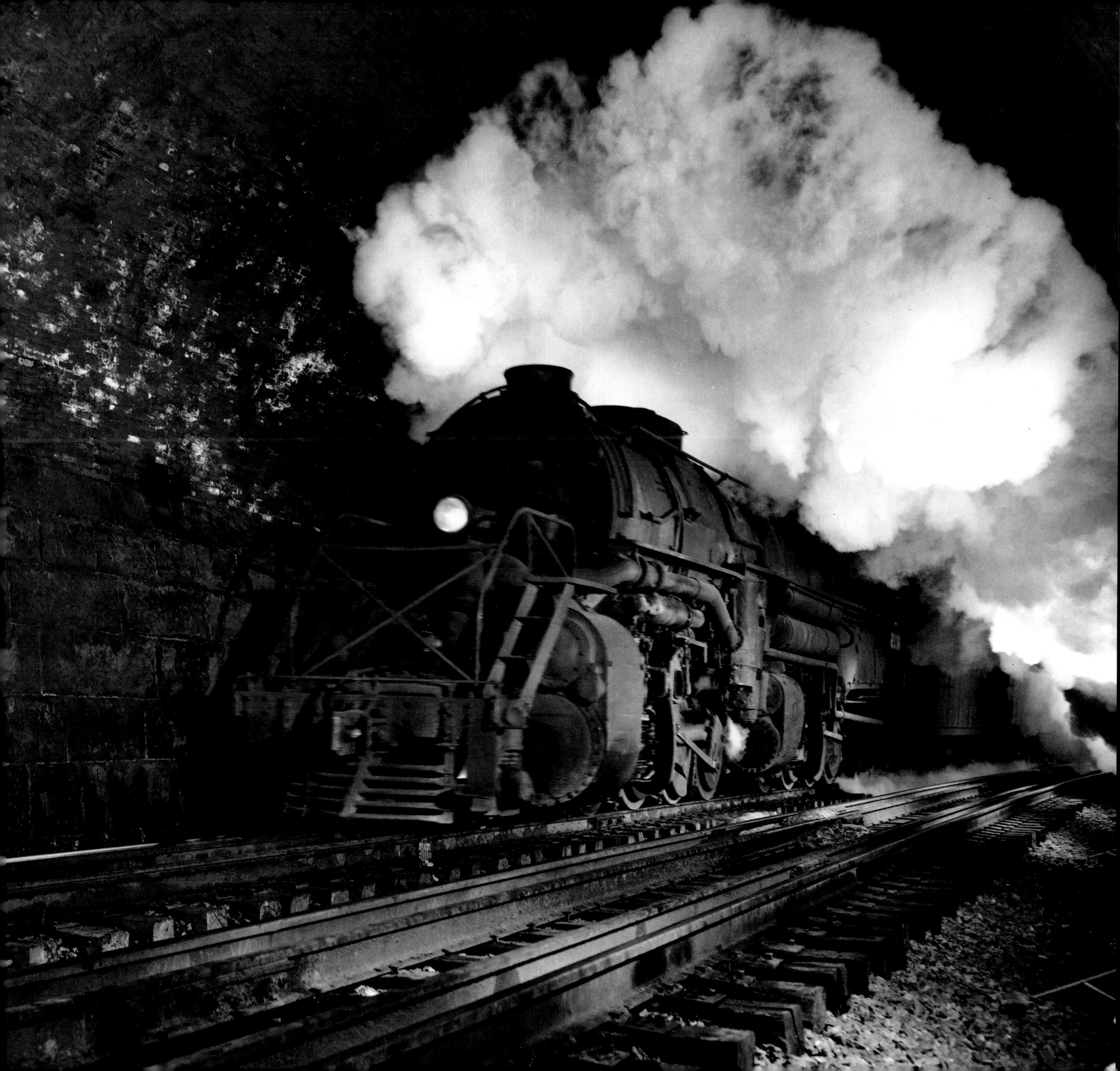

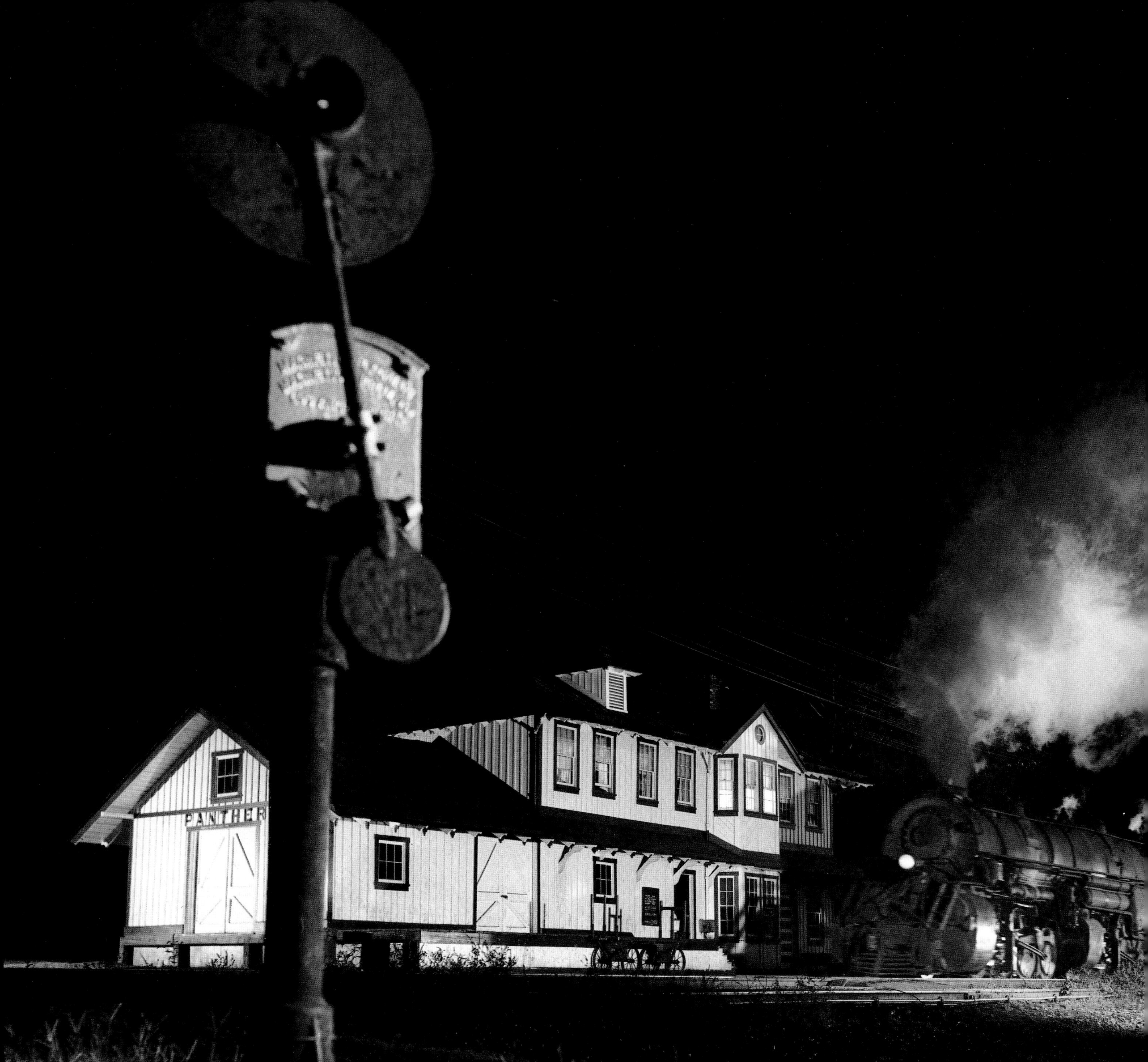
PANTHER

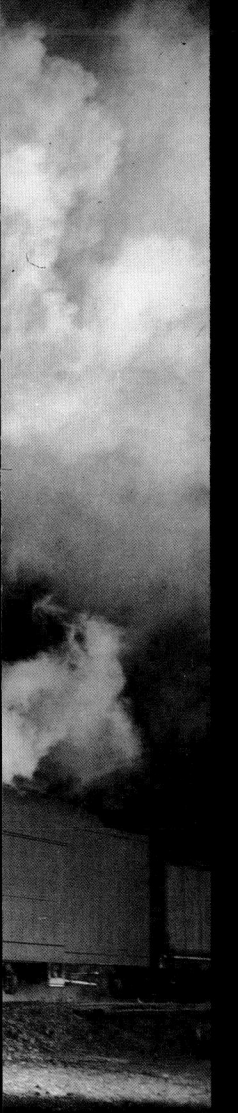

Das Pendel des „Magnetic Flagman" (mechanische Sicherung für einen Bahnübergang) beginnt seinen Achtung erheischenden Tanz, als eine Y6b in Panther,
West Virginia, einfährt. Der Bahnhof dieses abgelegenen Ortes hatte als einer
der wenigen an der Strecke eine Dienstwohnung im 1. Stock.

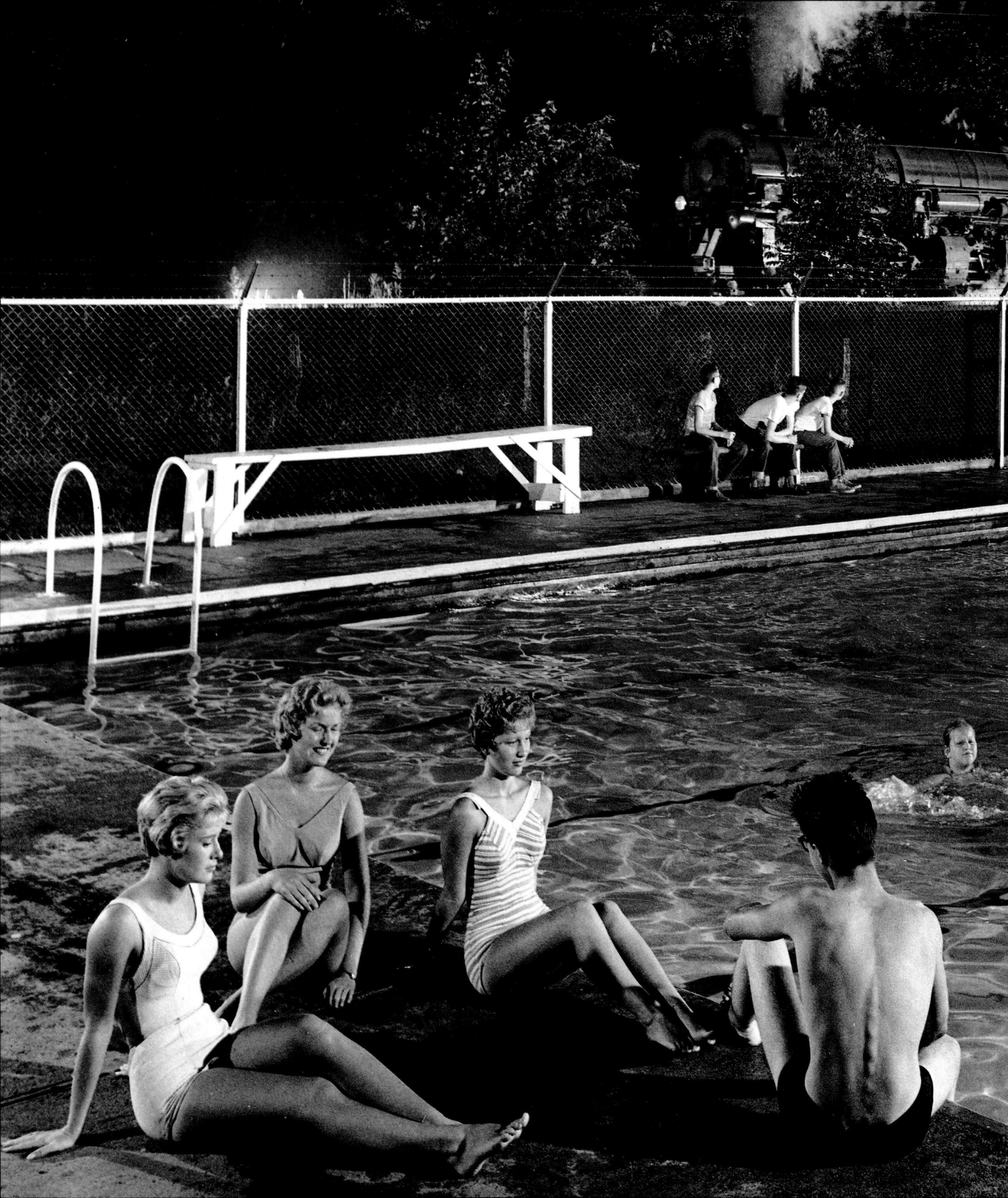

Unweit der Bahnlinie befindet sich dieser Swimming-Pool in Welch, West Virginia. Am Pool sitzen Anne Barnes, Nilda Ramella und Vesta Kitchen, die gerade mit Winston Links Neffen Corky Zider flirten.

Im Autokino scheinen Willie Allen und Dorothy Christian, eng zusammengerückt und in den Film „Hot Shot" vertieft, kaum Augen für den vorbeifahrenden Güterzug zu haben. Loks der Reihe A, wie die hier ostwärts fahrende 1242, wurden normalerweise nicht auf der Pocahontas Division eingesetzt. Erst die Einführung der Schnellgüterzüge 77 und 78 im Jahre 1955, deren Geschwindigkeit fast an die Fahrzeiten der Reisezüge herankam, machten den Einsatz dieser starken und schnellen Lokomotiven auf dieser Strecke notwendig.

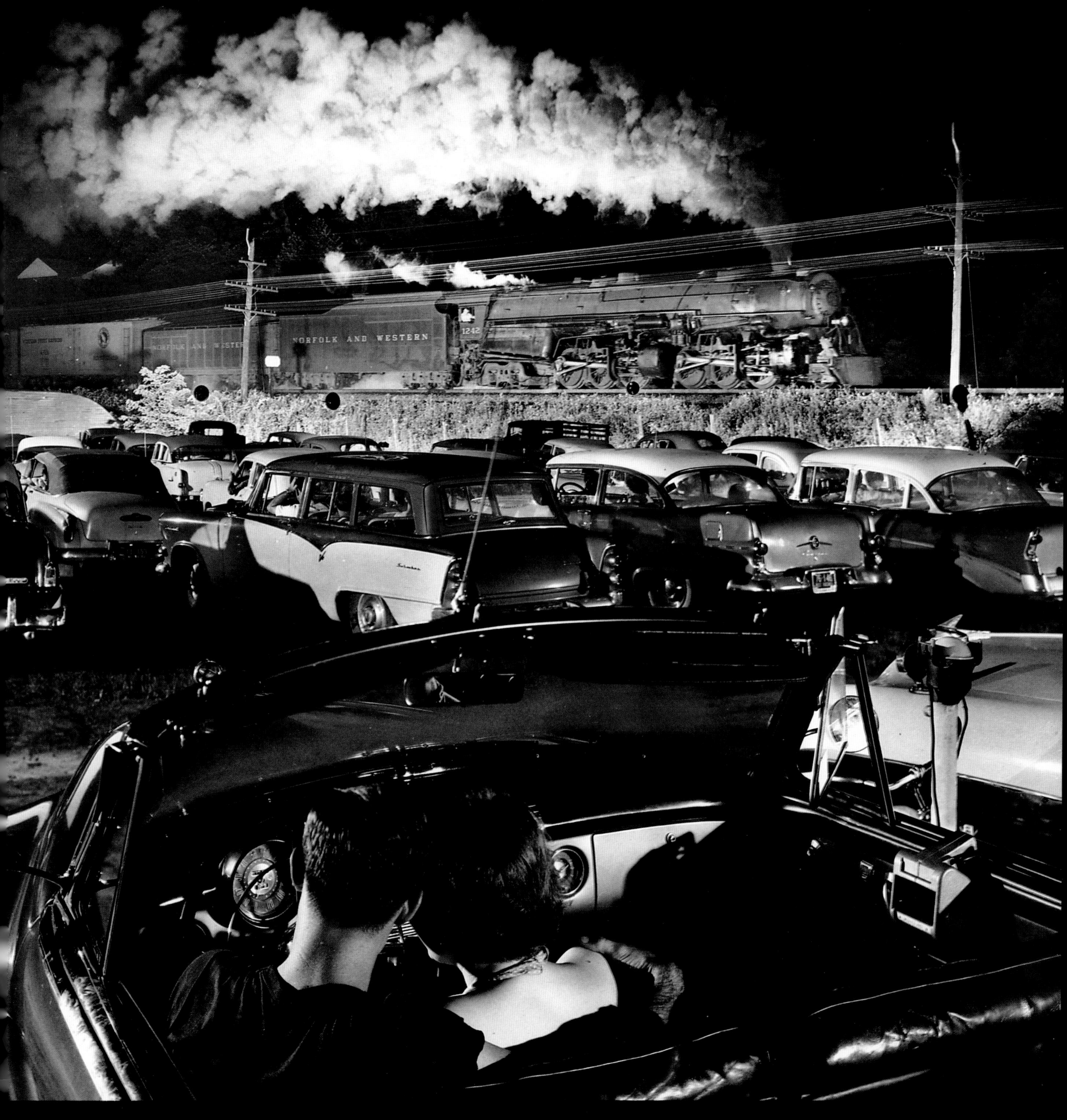
NORFOLK AND WESTERN
1242

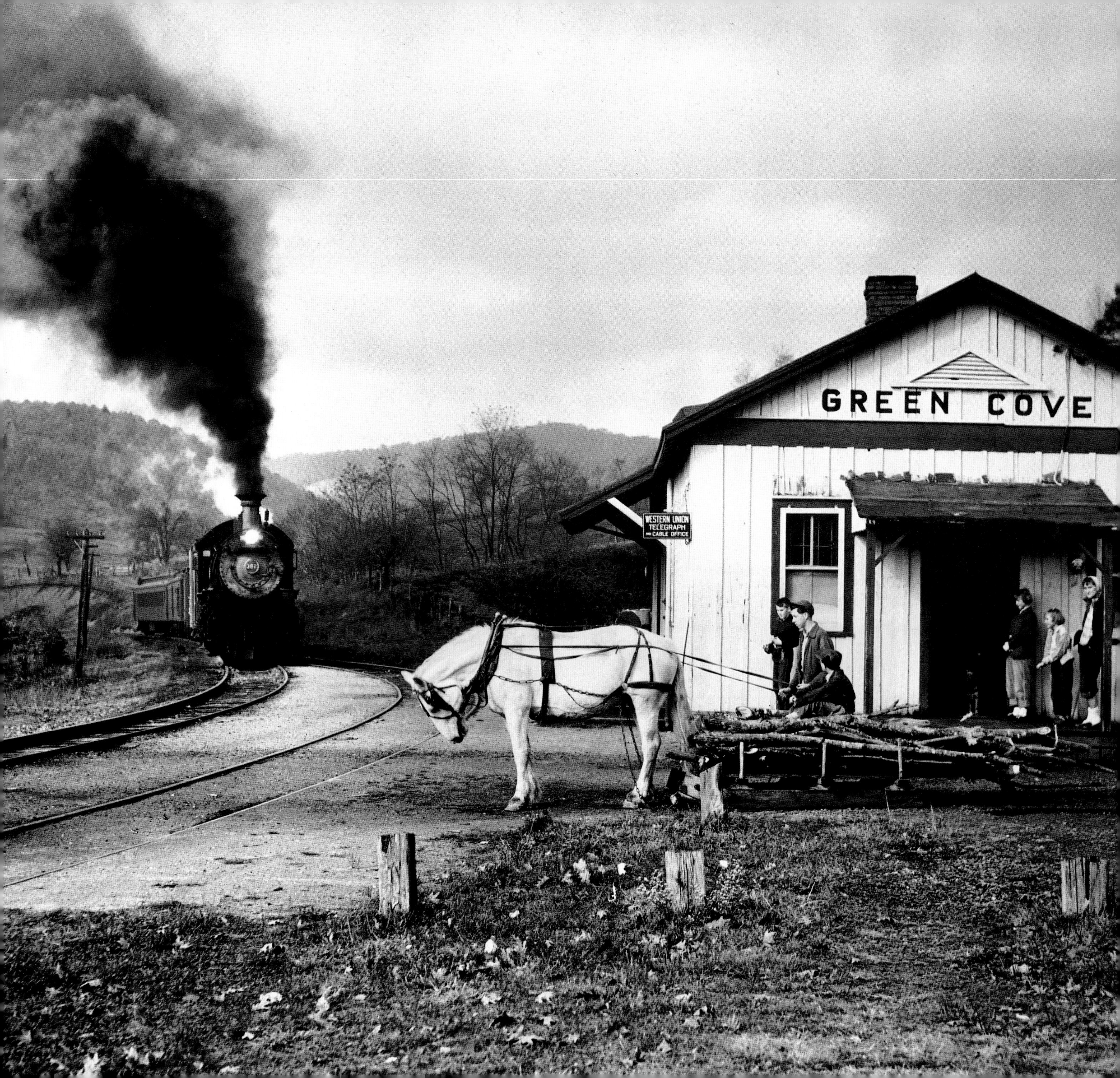
GREEN COVE
WESTERN UNION
TELEGRAPH
CABLE OFFICE

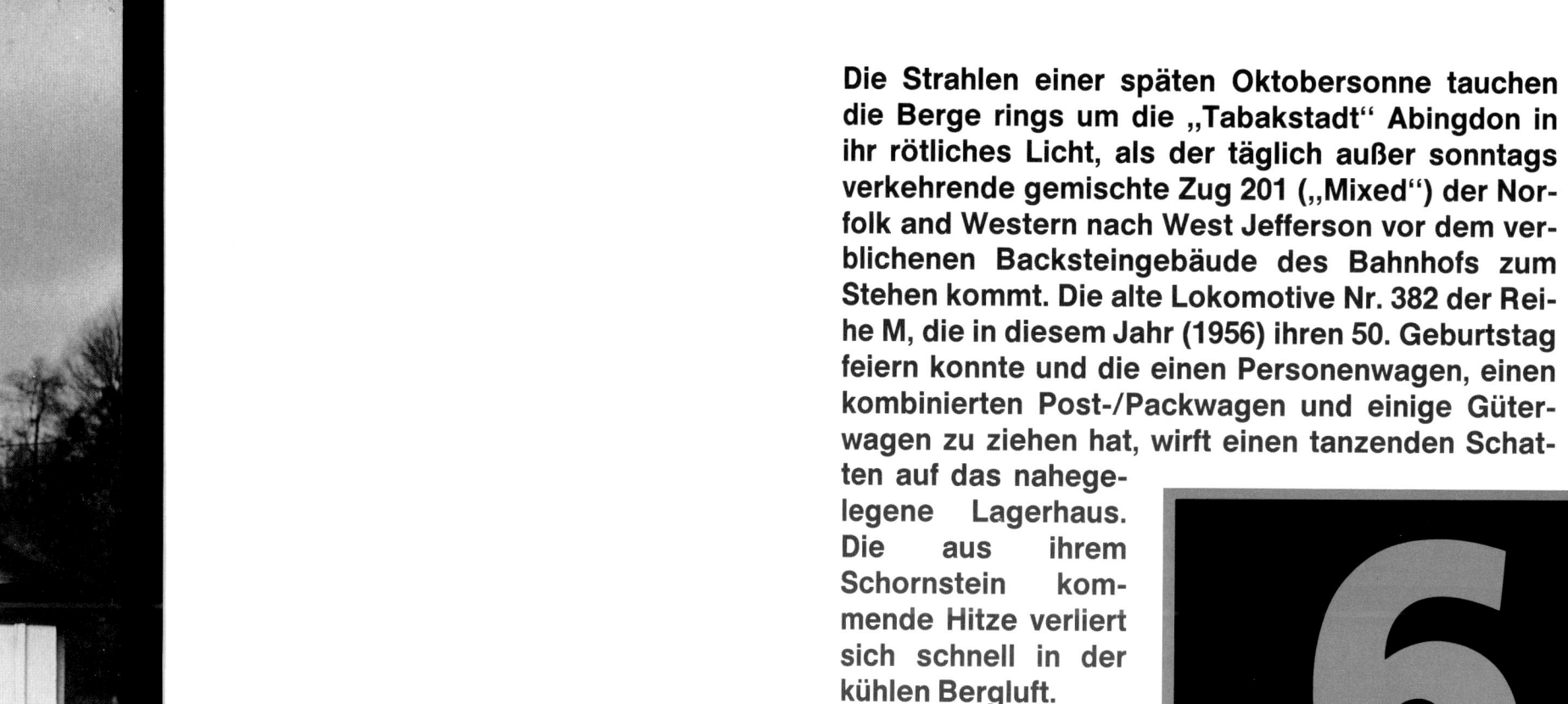

Die Strahlen einer späten Oktobersonne tauchen die Berge rings um die „Tabakstadt" Abingdon in ihr rötliches Licht, als der täglich außer sonntags verkehrende gemischte Zug 201 („Mixed") der Norfolk and Western nach West Jefferson vor dem verblichenen Backsteingebäude des Bahnhofs zum Stehen kommt. Die alte Lokomotive Nr. 382 der Reihe M, die in diesem Jahr (1956) ihren 50. Geburtstag feiern konnte und die einen Personenwagen, einen kombinierten Post-/Packwagen und einige Güterwagen zu ziehen hat, wirft einen tanzenden Schatten auf das nahegelegene Lagerhaus. Die aus ihrem Schornstein kommende Hitze verliert sich schnell in der kühlen Bergluft.

Im Personenwagen des Zuges Nr. 201 kontrolliert Zugführer Ralph White die Fahrkarten der wenigen Reisenden. Unter seinem Arm trägt er einen Karton mit Lutschern, die er, als „Candy Man" bekannt, traditionell an jedem Samstagmorgen an alle Kinder verteilt, die entlang der Abingdon-Nebenstrecke wohnen.

Der Zugführer zieht die Hamilton-Taschenuhr aus seiner tiefen Tasche und stellt fest, daß der Zug um 7.40 Uhr morgens bereits 10 Minuten Verspätung hat. Er versichert jedoch allen, die in Hörweite sitzen: „Die Fahrt geht weiter, sobald „Honey Fitz" die

6
Alles einsteigen in den Virginia Creeper

Links: „Ole Maud" verbeugt sich vor ihrem eisernen Gegenstück, das mit dem *Virginia Creeper* aus einer Kurve heraus in Green Cove einfährt. Diese Szene war nicht gestellt; Pferd und Fuhrwerk kamen zufällig vorbei, und der Fotograf Link nutzte diese Gelegenheit sofort.

Pfeife der Lok repariert hat.

Auf dem dröhnenden Kessel von Lok Nr. 382 ist Lokführer Fitzhugh Talmadge Nichols hastig damit beschäftigt, seine für ihn „maßgeschneiderte", vorschriftswidrige Pfeife zu reparieren. Er zieht ein dünnes Drahtseil durch die Öse eines normalerweise leicht beweglichen Hebels, der durch den 200 Pfund starken Dampfdruck festsaß.

Zufrieden mit seiner Arbeit, läuft er über das Umlaufblech in Richtung Führerhaus, um anschließend seinen stämmigen Körper durch die Tür auf der Heizerseite zu schwingen und im Führerhaus zu verschwinden. Der Heizer öffnet den Dampfregler, und mächtige Rauchwolken steigen in den blauen Himmel. Nur wenige Sekunden später folgen zwei weiße Dampfwölkchen aus der Dampfpfeife, die mit ihrem musikalischen Klang die Weiterfahrt unseres Zuges ankündigt...

Mit einem sanften Ruck setzen wir verspätet unsere Fahrt fort. Wir rollen an Kürbisäckern und an abgeernteten Getreidefeldern entlang, auf denen Kornpuppen stehen. Nach jeder Kurve tun sich neue Naturschönheiten vor uns auf, als der Zug durch enge, von Wildbächen zerschnittene Schluchten fährt, um dann wieder sonnenbeschienene Wiesen und gepflügtes Ackerland zu passieren.

Der *Virginia Creeper* (Namensgeber waren seine geringe Geschwindigkeit und die Vielfalt des Efeus entlang der Strecke) durchfährt in der Tat auf seinem Weg hinauf nach White Top, Virginia, und hinunter nach West Jefferson, North Carolina, einige der schönsten Landschaften des Südens.

In der zweiten Hälfte des zwanzigsten Jahrhunderts war der *Virginia Creeper* eine echte Rarität. Die Geschichte der gemischten Züge reicht bis in die Frühzeit der Eisenbahn zurück. In den Jahren der großen Wirtschaftskrise erreichte diese Betriebsform einen letzten Höhepunkt. Mitte der 50er Jahre gab es bei der N&W noch einige andere gemischte Züge, so den *Huckleberry* (Nr. 111/112) zwischen Christiansburg und Blacksburg und den *Tri-State Limited* Nr. 311/312, der auf der Buchanan-Nebenbahn von Devon, West Virginia, nach Grundy, Virginia, fuhr und auf seinem Weg Kentucky berührte. In keinem dieser Züge freilich konnte man den Charme des Landes so intensiv kennenlernen wie im *Virginia Creeper*.

Für die in der Abgeschiedenheit der Berge lebenden Menschen stellten die Züge 201 und 202 eine Verbindung zur Außenwelt dar. Sie brachten den Bewohnern viele Dinge des täglichen Lebens, seien es per Post bestellte Waren aus dem Sears-Roebuck Katalog oder Briefe von Tante Levicy. Die Leute reisten mit ihrem „Mixed", um am Rathaus das Aufgebot zu bestellen, zum Klavierunterricht zu fahren, eine Säge schärfen zu lassen oder um an ihre Lieblings-Fischgründe zu kommen. Sie betrachteten den Zug als ihr Eigentum.

Die 1887 gegründete Abingdon Coal and Iron Railroad Co. hatte auf ihrer Strecke anfangs nur ein sehr mäßiges Verkehrsaufkommen zu verzeichnen. Dies änderte sich, als die Bahn 1898 neu organisiert und in Virginia-Carolina Railroad umbenannt wurde. 1905 hatte ihr Besitzer, W. E. Mingea, die Strecke von Abingdon über Damascus nach Konnarock, Virginia, auf fast 31 Meilen verlängert, um die Wälder zu erreichen, aus denen das begehrte Appalachian-Hartholz stammt.

1912 kaufte sich die Norfolk and Western in die Gesellschaft ein und finanzierte eine 49 Meilen lange Streckenverlängerung von Creek Junction nach Elkland, North Carolina. Zwei Jahre später konnte der Bau abgeschlossen werden, und die Bahn hatte damit eine fast 80 Meilen lange Hauptstrecke. Im gleichen Jahr, 1914, verkaufte Mingea die ihm verbliebenen Anteile an der Gesellschaft, u.a. sechs Lokomotiven und 210 Wagen. Von diesem Geschäft war auch E. P. Kinzel betroffen, bisher Präsident und Geschäftsführer der Virginia-Carolina Railroad. Am 27. August 1919 wurde die Strecke offiziell als Abingdon-Nebenstrecke der Radford Division der N&W angegliedert. Kinzel, der von der N&W übernommen wurde, fungierte fortan als Betriebsleiter der Abingdon-Strecke.

Da der Verkehr auf der Strecke florierte, gab es in Abingdon sowohl eine Fahrdienstleitung als auch einen Lokschuppen. Damals verkehrten die Züge 201 und 202 mit vier Reisezugwagen zwischen Abingdon und West Jefferson, die Züge 213 und 214 waren gemischte Züge, die die Strecke bis Elkland bedienten, das „South End" genannt wurde...

Zusätzlich zu den Reisezügen gab es oftmals bis zu sechs Güterzüge täglich; Schiebeloks für schwere Züge waren in White Top und West Jefferson stationiert. Ein vierzig oder fünfzig Wagen langer Güterzug, gezogen von zwei Lokomotiven, war auf dieser Strecke nichts ungewöhnliches. Das Zugpersonal hatte dann alle Hände voll zu tun, einen solchen Zug sicher von White Top Mountain ins Tal hinab zu bringen. Sowohl die Luftdruck- als auch die Handbremsen wurden aufs äußerste beansprucht.

Als die Wälder abgeholzt waren und die große Wirtschaftskrise auch die Eisenbahn traf, nahm das Verkehrsaufkommen stark ab. 1933 wurde der Betrieb zwischen West Jefferson und Elkland sowie zwischen Abingdon und Konnarock eingestellt. Von nun an reichten die gemischten Züge Nr. 201/202 aus, um das verbliebene Verkehrsaufkommen zwischen Bristol und Abingdon zu bewältigen. Eine einzige Lok der Reihe M genügte nun zur Abwicklung der wenigen Vieh- und Holztransporte. Nur gelegentlich kam ein Wagen mit Eisenerz, elektrischen Bauteilen, Benzin, Speckstein oder Holz-Nebenprodukten auf die Strecke.

Nachdem ihm Ben Dulaney einen Besuch der Abingdon-Nebenstrecke empfohlen hatte, reiste Link 1955 erstmals dorthin. Bisher hatte sein Interesse vorwiegend Nachtaufnahmen gegolten. Obwohl jedoch der *Virginia Creeper* ausschließlich tagsüber verkehrte, waren Dulaney und Link von der Notwendigkeit überzeugt, auch auf dieser Strecke zu fotografieren, bevor sie stillgelegt werden würde.

In jener Zeit, als Link den *Virginia Creeper* kennenlernte, sah man im einzigen Personenwagen des Zuges bereits viele Touristen und Eisenbahnfreunde, die besonders im Herbst, wenn das Laub seine ganze Farbenpracht entfaltete, von weither angereist kamen, um einmal mit diesem einzigartigen Zug zu fahren.

Während die Abingdon-Nebenstrecke für die Eisenbahnfreunde die Erfüllung eines Traumes war, wurde sie für die Geschäftsleitung der N&W hingegen schnell zu einem Alptraum, da der Betrieb und der Unterhalt der Bahn außerordentlich hohe Kosten verursachten. Auf dieser Strecke kamen fast nur noch 4-8-0 Schlepptenderloks der Reihe M oder leichtere Maschinen zum Einsatz, normalerweise eine der Lokomotiven Nr. 382, 396 oder 429, die alle zur Vermeidung von Bränden in den dichten Waldgebieten mit schweren Funkenfängern ausgerüstet waren. Auch Lok Nr. 495 kam auf dieser Strecke zum Einsatz, bis sie 1953 bei Damascus ihren Schornsteinaufsatz verlor.

Schwerere Lokomotiven durften nicht eingesetzt werden, weil für die aus Holz gebauten Brücken Gewichtsbeschränkungen bestanden. Da die Loks der Reihe M nur eine maximale Zugkraft von 40.163 Pfund hatten, mußte bei einem Zuggewicht von mehr als 325 Tonnen (das entsprach ungefähr fünf Wagen), die Steigung nach White Top entweder mit zwei Lokomotiven bezwungen oder der Zug in zwei Teilen gefahren werden. Auch die Rückfahrt auf der anderen Seite des Berges war nicht viel einfacher.

Die Strecke besaß viele Kunstbauten, darunter 108 Brücken in verschiedenen Größen und Bauarten. Auch die mehr als 100 scharfen Kurven waren ein ständiges Problem. Sintflutartige Regenfälle stellten eine fortwährende Bedrohung dar, und mehr als einmal baute die N&W die Strecke nach schweren Unwettern wieder auf und erneuerte Dämme und Brückenpfeiler.

Eine halbe Meile nördlich des Bahnhofs Bristol zweigt die Nebenbahn nach Abingdon von der stark befahrenen Hauptstrecke Bristol – Walton nach rechts ab. Hier beginnen auch die viel leichteren Schienenprofile, auf denen der *Virginia Creeper* seines Wegs zieht.

Der Zug beschleunigt gleichmäßig und erreicht schnell die zugelassene Streckenhöchstgeschwindigkeit von 25 Meilen pro Stunde. Die Fahrt führt durch dichte, wogende Wälder, an zerklüfteten Felsen entlang und über „trockene Brücken", wie die Bauwerke genannt werden, die ausgetrocknete Bäche und kleine Geländeeinschnitte überqueren.

Als unser Zug über eine Bogenbrücke fährt, flüchtet das Vieh, das unter ihr Schutz vor der Sonne gesucht hat. Auch auf den Brücken halten sich nicht selten Tiere auf. (Brücke Nr. 8 scheint hierbei bevorzugt zu werden). Um Verletzungen der Tiere zu vermeiden, muß das Lokpersonal dann stark bremsen und auf „diplomatischem Wege" versuchen, die Strecke frei zu bekommen; kein leichtes Unterfangen – vor allem, wenn ein Bulle den Weg versperrt.

Hinter Watauga verlassen wir das Bergland und durchfahren nun ein weites Wiesenland. Nach einem Bedarfshalt in Alvarado, einem kleinen Ort, nicht viel mehr als ein Laden und eine Kirche in der Nähe des winzigen Bahnhofs, rollen wir durch die Felder von Delmar, Drowning Ford und Vails Mill. Durch ständiges Pfeifen sorgt der Lokführer für freie Fahrt über die zahlreichen Feldwegübergänge. In Damascus, mit 1.726 Einwohnern nach den Maßstäben der Abingdon-Nebenbahn eine richtige Stadt, wird der erste fahrplanmäßige Halt eingelegt. Kurz nach der Jahrhundertwende war diese Gemeinde einer der ersten Eisenbahnknotenpunkte gewesen, in dem zwei nur kurze Zeit bestehende Bahnlinien für den Holztransport zusammentrafen: die normalspurige, in das Crandull & Shady Valley führende Beaver Dam Railroad und eine 36 Zoll-Schmalspurbahn namens Laurel Railway. Der Niedergang des Holzhandels bedeutete für diese Region jedoch auch das Ende des Wohlstands.

Zugführer White geht nach vorne, um das Aussetzen einiger Niederbordwagen zu überwachen, die mit Holz beladen werden sollen. White bespricht dieses Rangiermanöver mit dem Rangierer J. M. „Scutch" Stevens und bittet ihn, ein Auge auf ortsansässige Jugendliche zu werfen, die möglicherweise vorhaben, in alter Hobo-Manier einen Tagesausflug als blinde Passagiere in einem gedeckten Güterwagen zu unternehmen.

Zwischen Damascus und Creek Junction berührt der Zug die Grenze nach Tennessee und spielt mit dem quirligen Wasser des White Top Creek, einem ausgezeichneten Forellenfluß – eine Art Bockspringen, denn auf einer Strecke von nur wenig mehr als 11 Meilen wird der Fluß neunzehnmal überquert. Heute sind weder Fahrgäste für das am Fluß gelegene Laureldale im Zug, noch für Taylors Valley, dem einzigen Haltepunkt an der Strecke mit einem zweistöckigen Bahnhofsgebäude, obwohl sich beide Orte im Frühjahr und Sommer bei Touristen großer Beliebtheit erfreuen, weil dort Rhododendron und Berglorbeer üppig wachsen.

In Creek Junction wird die Post für das nahegelegene Konnarock aus- und neue Post zugeladen. Die Eisenbahn hatte in früheren Zeiten große Bedeutung für das Gebiet um Creek Junction und Konnarock, heute erinnert nur noch ein verfallener, hölzerner Güterwagen an diese Zeit. Einst als Telegrafenbüro benutzt, steht er nun neben dem Gleis, des größten Teils seiner Bretterwände beraubt, die den örtlichen Fischern als Brennholz für ihre Lagerfeuer dienten.

Der Lokführer nutzt den Aufenthalt, um die Wasservorräte des Tenders aus einem alten, rotbraunen, hölzernen Wasserturm zu ergänzen. Das Gurgeln des Wassers wird von dem typischen Geräusch übertönt, das entsteht, wenn Stahl auf Stahl schlägt, als der Heizer das Feuer beschickt, damit für die bevorstehende Bergfahrt ausreichend Dampfdruck zur Verfügung steht. Obwohl wir seit Alvarado ständig bergauf gefahren sind, beginnen erst hier die steilen Hänge des White Top Mountain. Jetzt wird alle Kraft und Geschicklichkeit benötigt, damit „Mollie" (wie die M-Loks vom Personal genannt wurden) und ihre Mannschaft den Berg bezwingen können. Wir gewinnen nach der Bahnhofsausfahrt schnell an Höhe, während die Straße nach Konnarock abzufallen scheint. Eine Meile weiter südlich wird der bewältigte Höhenunterschied noch deutlicher, als wir den plötzlich weit unter uns dahinfließenden Green Cove Creek überqueren.

Die Auspuffschläge der Lok werden immer langsamer; wir nähern uns der Paßhöhe des White Top Mountain. Auf beiden Seiten des Berges ist die Höchstgeschwindigkeit auf 18 Meilen pro Stunde beschränkt, aber wir erreichen noch nicht einmal dieses Tempo. Der *Virginia Creeper* schleicht jetzt nur noch voran, und wir befürchten schon, daß der Zug in der Steigung hängenbleibt. Gerade als die zwölf Räder der Lok stehenzubleiben scheinen, rollen wir mit einem langen Pfeifsignal in den an einem 200 Yards langen, ebenen Streckenstück liegenden Bahnhof von Green Cove ein.

Auf dem Bahnsteig vor dem grün-weiß gestrichenen Bahnhofsgebäude steht ein Mann mit Brille in khakifarbener Arbeitskleidung, dessen Hose von Hosenträgern gehalten wird. Sein kahles Haupt wird von einer schwarzen Uniformmütze mit einem Abzeichen aus Messing bedeckt, das ihn als Bahnhofsvorsteher ausweist. Es ist Mr. W. M. Buchanan, der neben seiner Aufgabe als Repräsentant der Eisenbahn auch für die Western Union arbeitet, als örtlicher Postmeister fungiert und einen kleinen Laden besitzt – und all' dies unter dem Dach des Bahnhofsgebäudes.

Es ist nicht zu übersehen, daß dieser malerische Bahnhof das Zentrum des kleinen Green Cove ist,

Lokführer Joe McNew, hier mit der rechten Hand nach der Bremse greifend und auf ein Handzeichen des Bremsers achtend, war bekannt dafür, auch aus einer kleinen Lok wie der Nr. 429 die letzten Kraftreserven herauszuholen zu können.

dessen Bedeutung aber Mrs. Anne Gentry, die hier aufgewachsen ist, am anschaulichsten beschreiben kann. (Wie viele andere Bewohner der Appalachen-Region mußte sie zusammen mit ihrem Ehemann dieses wirtschaftlich schwache Gebiet verlassen, um in den stärker industrialisierten Städten des Nordens Arbeit zu finden.)

„Morgens standen wir auf und warteten auf den Zug" erinnert sich Mrs. Gentry gern. „Nachdem er abgefahren war, sahen wir Mr. Buchanan in seinem kleinen Postbüro beim Stempeln der Briefe zu, in der Hoffnung, selbst Post zu bekommen. Jedermann kam hier zu einem Besuch vorbei. Im Sommer waren wir draußen, wo die Güterwagen entladen wurden, und im Winter saßen wir um den Ofen im Bahnhof herum. Damals hatten hier nur die wenigsten Haushalte elektrischen Strom. Deshalb gingen wir mit einem Behälter zu Mr. Buchanan, der ihn aus einem Faß in seinem Lagerraum für 10 Cents mit einer Gallone Lampenöl füllte."

Mr. Buchanans Frau Mary und seine Töchter Adele und Eleanor halfen mit, das Einkommen der Familie zu verbessern. In den Tagen, als die Züge noch voll besetzt waren, verkauften sie 50 bis 75 Lunch-Pakete pro Tag, das Stück für 50 Cents.

Von den vorbereiteten Mahlzeiten (die aus Abingdon oder Damascus telegrafisch vorbestellt wurden) waren die Backhähnchen, die Schinkenbrötchen, die selbstgebackenen Plätzchen und die frischen Fruchttörtchen von Mrs. Buchanan besonders gefragt. Die gesamte Familie stand jeden Morgen um 3.00 Uhr auf, um alles für die Fahrgäste des *Virginia Creeper* rechtzeitig fertig zu haben. Auf ihrem Besitz in Green Cove zogen die Buchanans die Hühner und Schweine selbst auf, rupften das Geflügel und räucherten auch selbst den Schinken.

Wann immer ein Sonderzug mit wichtigen Persönlichkeiten über die Strecke fuhr, bei den Buchanans wurde Halt gemacht, um mit ihnen das Mittagessen einzunehmen. „Der alte R. H. Smith hat sehr oft an meinem Tisch gesessen", erzählt Mrs. Buchanan stolz. Es waren aber nicht nur die Kochkünste der Buchanans, die ihnen zu Respekt und Beliebtheit in der Gemeinde verhalfen. Mr. Buchanan war der gute Geist dieser schönen Gebirgsgegend und zögerte nie, denen, die in Not zu ihm kamen, mit Lebensmitteln zu helfen und Schutz zu gewähren. Und er tat es, ohne viel zu fragen.

Schon bald ist der Aufenthalt in Green Cove beendet. Die freundliche Atmosphäre, die wir hier vorgefunden haben, hat uns fast die Reisestrapazen vergessen lassen, die noch vor uns liegen, denn die nun anstehende 3%-Steigung über 2½ Meilen Strecke stellt für Lok und Personal eine echte Herausforderung dar. Der nächste Bahnhof ist zwar nur eine Meile Luftlinie entfernt, doch das unwegsame Gelände war hier nur mit einer zwei Meilen längeren Bahnstrecke zu überwinden, in Form einer hufeisenförmigen Kurve: der Abingdon-Version der berühmten „Horseshoe Curve".

Eine Meile nach dem Bahnhof Green Cove quietschen protestierend die Radreifen der Lok, als die 382 in eine sehr enge Kurve fährt. Mit harten Auspuffschlägen kämpft sich die Lokomotive auf den durch nasses Laub glitschig und rutschig gewordenen Schienen bergwärts. Während die Kolben in ihren Zylindern vor- und zurückstampfen, legt sich die alte „M" in die letzte Linkskurve, um dann mit abblasenden Sicherheitsventilen triumphierend in den Bahnhof von White Top einzufahren. Direkt unterhalb des Gipfels des White Top gelegen, stellt der Bahnhof mit 3.585 Fuß den höchstgelegenen Reisezughalt östlich der Rocky Mountains und gleichzeitig den höchsten des Landes an einer normalspurigen Bahnstrecke dar.

Vom Bahnsteig aus bietet sich uns ein großartiger Blick auf die in Wolken gehüllte Spitze des

White Top Mountain, mit 5.520 Fuß nach dem Mount Rogers zweithöchster Berg in Virginia. Das wilde Gras, das nach dem Absterben eine weiße Farbe annimmt, und der Schnee auf seinem Gipfel gaben dem White Top Mountain seinen Namen.

Die Ruhe und Schönheit dieser Szenerie können jedoch trügerisch sein, denn innerhalb weniger Minuten kann sich die Bergwelt durch Schneestürme und eisige Temperaturen nachhaltig verändern. Der Streckenarbeiter William V. Surber erinnert sich daran, daß er in den kalten Monaten ständig das Eis vom Wasserturm in Green Cove klopfen mußte, um die Einfüllöffnungen auftauen zu können.

Im Winter 1917/18 wurde einmal der Reisezug Virginia – Carolina in der „Horseshoe Curve" eingeschneit. Die Fahrgäste mußten im Haus der Buchanans Zuflucht suchen, bis ein Ersatzzug durch den Schneesturm kam.

Während einer solch' unwirtlichen Zeit erlebte die Abingdon-Strecke jedoch ihre vielleicht schönste Begebenheit. In den zwei Wochen vor dem 5. März 1942 hatte es in den Bergen im Grayson County, Virginia, jeden Tag geschneit. 5 Meilen vom N&W-Bahnhof White Top entfernt, hatte Mrs. Wade W. Weaver in ihrer kleinen, in 5.000 Fuß Höhe gelegenen Berghütte in den frühen Morgenstunden ihre Wehen bekommen und erwartete nun die Geburt ihres sechsten Kindes. (Es war nichts ungewöhnliches in den Bergen, daß die Babys zu Hause geboren wurden, oftmals nur mit Unterstützung durch eine als Hebamme fungierende, erfahrene alte Frau oder ein Kindermädchen.)

Mr. Weaver befürchtete aber, daß seine Frau bei dieser Geburt Schwierigkeiten haben würde und bat daher Dr. Rex Legard in Damascus telefonisch um Hilfe. Der Arzt und seine Krankenschwester, Sophie Moeller, bestiegen sofort den Zug Nr. 201 nach White Top. Als sie den verschneiten Bahnhof erreichten, erwies sich der hier oben euphemistisch Straße genannte Weg zu den Weavers als nahezu unpassierbar, da ihnen bis zu 15 Fuß hohe, verharschte Schneewehen den Weg versperrten. Sie versuchten, sich den Weg mit geliehenen Pferden zu bahnen, die jedoch bald steckenblieben, so daß sie die Reittiere zurücklassen und den mühsamen Weg zu Fuß fortsetzen mußten.

Nachdem er Mrs. Weaver untersucht hatte, wußte Dr. Legard, daß sie sofort in ein Krankenhaus gebracht werden mußte. Das dringlichste Problem war jedoch nun, den Bahnhof von White Top vor Abfahrt des Zuges Nr. 202 zu erreichen, mit dem Mrs. Weaver in das 45 Meilen entfernte Abingdon transportiert werden sollte, wo sich ein Krankenhaus befand. Wie konnten sie es aber bewerkstelligen, daß der Zug nicht ohne sie abfahren würde?

Dr. Legard überlegte nicht lange und führte ein eindringliches Telefongespräch mit Gladys Harriger, Bahnhofsvorsteherin der N&W in White Top (eine von nur vier Frauen, die eine solche Position bei der N&W bekleideten). Ohne zu zögern war Mrs. Harriger bereit, den Zug aufzuhalten, der schon abfahrbereit auf ihrer Station stand. Dabei war es für sie völlig unerheblich, daß es sich bei Mr. Weaver um ihren Bruder handelte. Sie hätte sich in jedem anderen Fall auch so verhalten.

Nun gab es wenigstens wieder Hoffnung. Mrs. Weaver wurde in warme Decken eingehüllt und auf eine Liege gelegt, die auf einem zweispännigen Pferdeschlitten befestigt wurde. Dann stapften die Pferde, der Ehemann, der Arzt, die Krankenschwester und ein paar hastig zusammengerufene Verwandte den Bergpfad hinunter und begleiteten die schwangere Frau auf ihrer gefährlichen Reise. Die mitleiderregende Karawane hatte jedoch noch keine große Strecke zurückgelegt, als die Pferde auf dem vereisten Weg stürzten und nicht mehr weiter konnten.

Nun mußten die Männer ihren Platz einnehmen, und es kamen Nachbarn herbei, die mit anpackten, um den Schlitten vorwärts zu bringen. Als sie White Top erreichten, hatten sich fast 50 Männer, Frauen und Kinder dieser Hilfsmission in den Bergen angeschlossen.

Endlich, nach einem beinahe dreistündigen Gewaltmarsch, sahen sie den Zug – er wartete noch immer auf sie! Mrs. Weaver wurde schnell durch ein Wagenfenster in den Personenwagen gehievt, Lokführer Ben Ball öffnete den Regler seiner „M" Nr. 429, und durch die fast bis zum Führerhaus aufgetürmten Schneemassen kämpfte sich der Zug talwärts und erreichte ohne Zwischenhalt schnell und sicher Abingdon. Dort wartete schon ein Krankenwagen, bereit, Mrs. Weaver für die letzte Etappe dieses verzweifelten Wettlaufs mit der Zeit zu übernehmen.

Nachdem im George Ben Johnson Memorial Krankenhaus bereits alle Vorbereitungen getroffen worden waren (Zugführer J. F. Anderson hatte vorher telegrafiert), wurde eine der schnellsten Geburts-Operationen in der Geschichte dieses Krankenhauses vorgenommen.

Das Ergebnis dieser beispiellosen Anstrengungen war ein gesunder, blauäugiger, braunhaariger, 7 Pfund schwerer Junge. Und der Name des Babys? Natürlich Richard *Norwest* Weaver!

Mittlerweile geht unser Aufenthalt in White Top zu Ende und es ist Zeit, unsere Reise fortzusetzen. Langsam rollt der *Virginian Creeper* aus dem Bahnhof, überwindet den Bergkamm und rattert in einer achterbahnähnlichen Fahrt auf der anderen Seite des Berges nach North Carolina hinunter.

Blauer Rauch steigt von anliegenden Bremsklötzen auf, als Lokführer Nichols die Luftdruckbremse etwas stärker betätigt. Ein Entgleisen wegen zu hoher Geschwindigkeit wäre auf dieser Strecke fatal, denn nicht einmal der kleine Eisenbahnkran aus Bristol darf wegen der Gewichtsbeschränkungen für die Brücken auf diese Nebenbahn.

Die erste Stadt, die wir in North Carolina erreichen, ist Nella, am Fuße des Berges gelegen. Unter diesem Namen taucht die Stadt eigentlich nur in den N&W-Fahrplanspalten auf, ursprünglich hieß sie „Allen". Da es unter den Reisenden zu Verwechslungen mit Alvarado kam, wurde die Buchstabenfolge einfach umgedreht, aus „Allen" wurde „Nella". Um die Verwirrung noch zu vervollständigen, sei erwähnt, daß die Bevölkerung den Ort „Husk" nennt. Wie auch immer er heißen mag, bemerkenswert an ihm sind ohnehin nur ein Lagerhaus, dessen Anschlußgleis mit verschiedenen Schildern überhäuft ist, und Jimbo, der „Hund von Husk", der das Gebäude bewacht.

Während wir uns Tuckerdale nähern, breiten sich weite Ackerflächen links und rechts der Strecke aus. Nächster Halt ist in Lansing, wo das Zugpersonal sein Mittagessen aus einem in der Nähe des Bahnhofs gelegenen Café erhält. (Die Rückgabe der Tabletts und die Bezahlung erfolgen auf der Rückfahrt.)

Da heute in Bina keine Reisenden ein- oder aussteigen wollen, fahren wir entlang des Oberlaufes des New River weiter und überqueren seinen nördlichen Arm vor der Einfahrt nach Warrensville. Hier steigen einige Fahrgäste aus, und weiter geht es zum nächsten Haltepunkt, Smethport. Doch auch hier brauchen wir nicht anzuhalten und nähern uns dem Endbahnhof West Jefferson. Vor dem Bahnhofsgebäude dieser 871 Einwohner zählenden und von der Landwirtschaft geprägten Ortschaft kommt unser Zug zum Stehen. West Jefferson bietet dem Besucher übrigens in den Restaurants am Marktplatz eine gute einheimische Küche.

In West Jefferson ist eine halbe Stunde Aufenthalt, während das Zugpersonal die Rückfahrt vorbereitet. Die Lok wird auf dem Gleisdreieck gewendet und die Wasservorräte werden ergänzt. Dann findet ein umfangreiches Rangieren auf einem Ladegleis voller Güterwagen statt, die auf die Erzeugnisse aus hiesigen Auktionen warten, hauptsächlich grüne Bohnen, Vieh und Tabak.

Während der Zusammenstellung unseres Zuges für die Rückfahrt haben wir die Gelegenheit, uns mit einigen Eisenbahnern zu unterhalten, die sich an Kollegen aus vergangenen Zeiten erinnern. Auf der Abingdon-Nebenbahn waren im Laufe der Jahre ständig einige besondere „Charaktere" zu finden, vor allem beim Lokpersonal.

Einer von ihnen war „Uncle Billy" Thompson, der ständig nach Herstellern Ausschau hielt, die in der Lage waren, eine Plane anzufertigen, mit der er seine 2-8-0 Heißdampflok der Reihe W vollständig abdecken konnte. Smith Spears beklagte einen Fehler *seiner* kleinen, gepflegten 4-6-0 Lok Nr. 951 der Reihe V: Sie sei so schnell, daß er keine Zeit habe, vom Führerstand aus den Mädchen nachzuwinken. Einer der exzentrischsten Charaktere unter ihnen war wohl J. B. „Joe" McNew, der älteste Lokführer auf der Strecke. In seinen frühen Jahren war er bekannt dafür, die Lokomotiven nicht gerade zu schonen; man erzählte, er sei stets mit voll geöffnetem Regler und voll ausgelegter Steuerung gefahren – ganz gleich, ob es bergauf oder bergab ging!

Ted Berry, pensionierter Mitarbeiter des Bahnbetriebswerkes in Roanoke, erinnert sich an seine Heizerzeit bei Joe McNew: „Bei ihm konnte man keine Kohle auf dem Rost lassen. Er fuhr die kleinen Loks der Reihe M regelrecht kaputt. Ich sah ihn einmal, als er eine Luftpumpe zum Verglühen gebracht hat, aber das ist noch nichts gegen das, was er durch seine Fahrweise täglich dem Triebwerk und dem Rahmen antat." Nachdem McNew 1956 pensioniert worden war, kam Lokführer Nichols auf die Abingdon-Strecke.

Wie so viele andere Eisenbahner, deren Namen auf den Rückseiten der Senioren-Listen verewigt sind, war er viele Jahre gezwungen gewesen, weit entfernt von seiner Heimatstadt Bristol zu arbeiten. Er fuhr den *Powhatan Arrow* zwischen Roanoke und Bluefield, bis sich die Gelegenheit ergab, den *Virginia Creeper* zu übernehmen.

Nichols, der seine Eisenbahner-Laufbahn als Lokreiniger in Norton an der Clinch Valley-Strecke begonnen hatte, kam zu wahrem Ruhm, da er als Erfinder der charakteristischen Dampfpfeife des *Virginia Creeper* galt. Die melodisch klingende Pfeife von Nichols entstand im Bahnbetriebswerk Bluefield, wo der Vorarbeiter W. M. Richardson eine gewöhnliche Güterzuglokpfeife nahm und ihr mittels

Die Postauslieferung in Creek Junction wird durch ein Gespräch über den Forellenfang in den örtlichen Fischgründen kurz unterbrochen. Die Wände des Güterwagens, der früher als Telegrafenbüro diente, fanden als Feuerholz Verwendung.

dreier eingeschweißter Stege von unterschiedlicher Länge zu neuem, ungewohntem Klang verhalf.

Diese „Spezialanfertigung" für Nichols stieß bei Eisenbahnfreunden und Anwohnern entlang der Strecke sofort auf großen Anklang. Einer behauptete, daß er bei ihrem Klang „Gänsehaut" bekam. Ein anderer beschrieb sie schlicht als die aufregendste Pfeife, die er je gehört hatte.

„Die Leute sagen mir, daß meine Pfeife weiter zu hören ist als jede andere Pfeife", strahlt Lokführer Nichols, „ein Freund von mir, der etwa 6 Meilen von hier entfernt am Holston River lebt, erzählte mir, daß sein kleiner Junge jeden Morgen auf der Veranda sitzt, um meine Dampfpfeife zu hören, wenn ich nach Damascus komme."

Die Meinung der Menschen, die im Einzugsbereich der Bahnlinie lebten, war sehr wichtig für die Eisenbahner, die nach Nichols Worten „alles taten, um ihnen gefällig zu sein. Wir ließen sie ein- und aussteigen, wo immer sie wollten". Und diese Hochachtung wurde auch erwidert. Nichols erzählte Geschichten von Einheimischen, die nach einem schweren Sturm die Strecke freigeräumt hatten.

Nachdem der Aufenthalt beendet ist, macht sich der *Virginia Creeper* auf den Rückweg nach Abingdon, wobei der Fahrplan für die Rückfahrt 20 Minuten weniger Fahrzeit vorsieht, da die meiste Arbeit schon auf der Hinfahrt geleistet wurde. Da es jetzt auch im Zug weniger zu tun gibt, zieht sich Zugführer White in sein „Dienstabteil" zurück, das eigentlich nur aus zwei gegenüberstehenden Sitzbänken besteht, um die notwendigen Schreibarbeiten zu erledigen.

In kurzen Zeitabständen greift White in eine neben ihm stehende Schachtel mit Lutschern und geht zur offenen Tür des Post- und Packwagens, der jetzt als letzter Wagen im Zug hinter dem Personenwagen läuft. Entlang der Strecke laufen barfüßige Kinder. Sie verstecken hinter ihrem Rücken die Lutscher, die sie bereits bekommen haben, und betteln um weitere Süßigkeiten. Doch keines von ihnen kann den Zugführer zum Narren halten, denn er kennt hier jedes Kind und weiß, wo sie wohnen.

Nördlich von Tuckerdale beginnt die 10½ Meilen lange Rampe nach White Top, die allerdings längst nicht so schwierig zu bezwingen ist, wie die jenseits des Berges auf der Hinfahrt. Nach dem planmäßigen Halt und einem erneuten Bedarfshalt in Damascus bzw. Alvarado rollen wir planmäßig um 15.10 Uhr in Abingdon ein.

Der „candy man", Zugführer Ralph White, zieht sich auf der weniger hektischen Rückfahrt des *Virginia Creeper* in sein Dienstabteil zurück, um den lästigen „Schreibkram" zu erledigen.

Normalerweise müssen hier alle Reisenden aussteigen, da Zug Nr. 45 Anschluß nach Bristol bietet. Wir werden aber von White eingeladen, mit ihm bis Bristol mitzufahren, damit wir die komplette Fahrt eines gemischten Zuges erleben können.

Obwohl keine Fahrgäste mehr an Bord sein dürfen, wird unser Zug Nr. 202 auf der Hauptstrecke von Abingdon bis Bristol fahrplantechnisch wie ein normaler Reisezug behandelt. So rollen wir in die Union Station ein, wo die Arbeit des Lokpersonals endet; das Schuppenpersonal kuppelt die Lok ab und fährt sie in den Lokschuppen.

Wenn sich der gemischte Zug verspätete, was oft der Fall war, ließ ihn der Fahrdienstleiter im Blockabstand vor dem *Tennessean* nach Bristol fahren, übrigens sehr zum Entsetzen des Chefs des Bahnbetriebswerks Emmons, der wußte, daß eine 1906 gebaute Lok sich nicht für Wettfahrten mit einer riesigen Schnellzuglok der Klasse J eignete.

Später an diesem Abend entspannen wir uns noch ein wenig im Lokschuppen und denken an den schönen Tag zurück, der hinter uns liegt. Draußen steht die 382 auf der Drehscheibe. Wenig später wird sie zur Nachtruhe in den Schuppen gefahren, während die 429 noch darauf wartet, bis sie „ins Bett geschickt" wird. Morgen, am Sonntag, haben sie Ruhe. Doch am Montag, da werden sie es wieder mit dem White Top Mountain zu tun haben...

Zwei kleine Mädchen genießen im *Virginia Creeper* das „Samstagmorgen-Ritual" von Zugführer White, der seine Lutscher auch an Kinder verteilt, die neben dem Zug herlaufen.

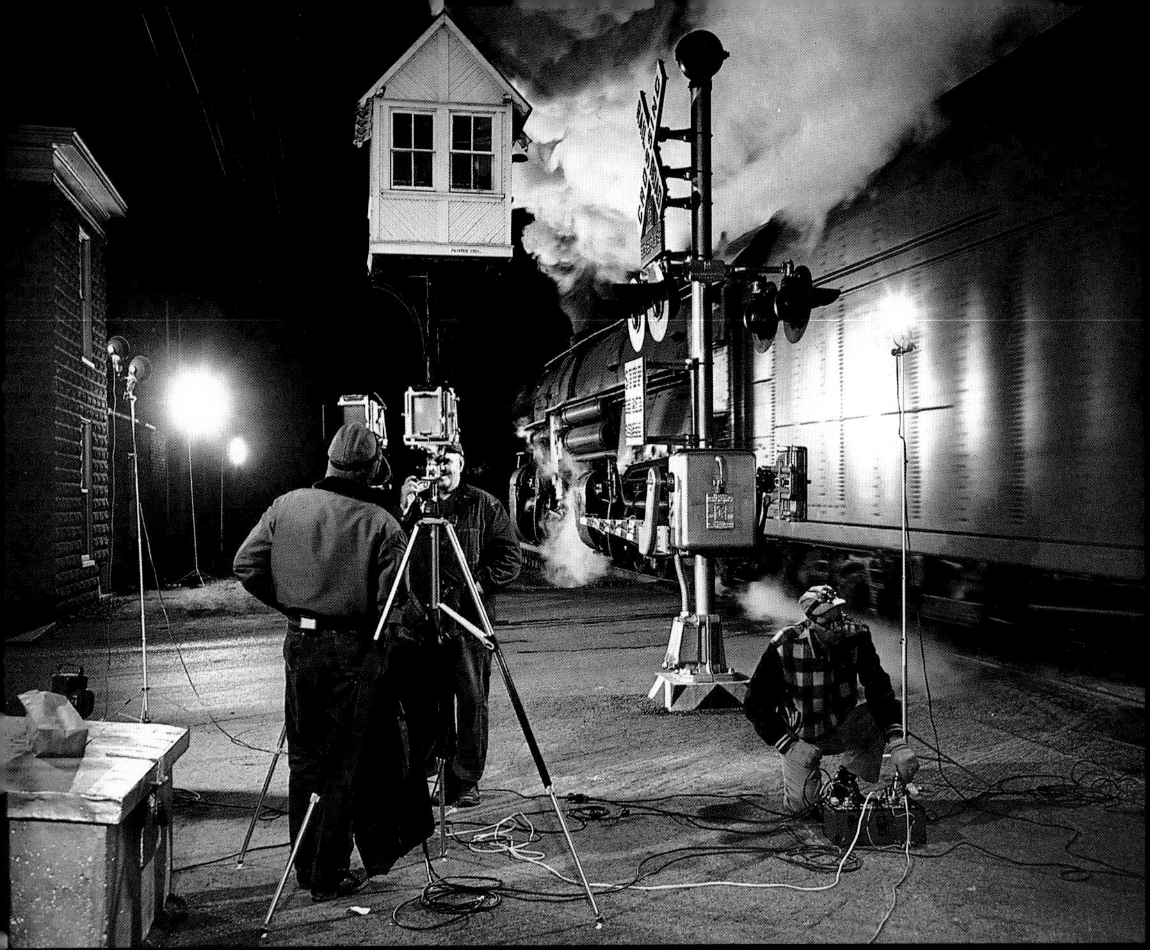

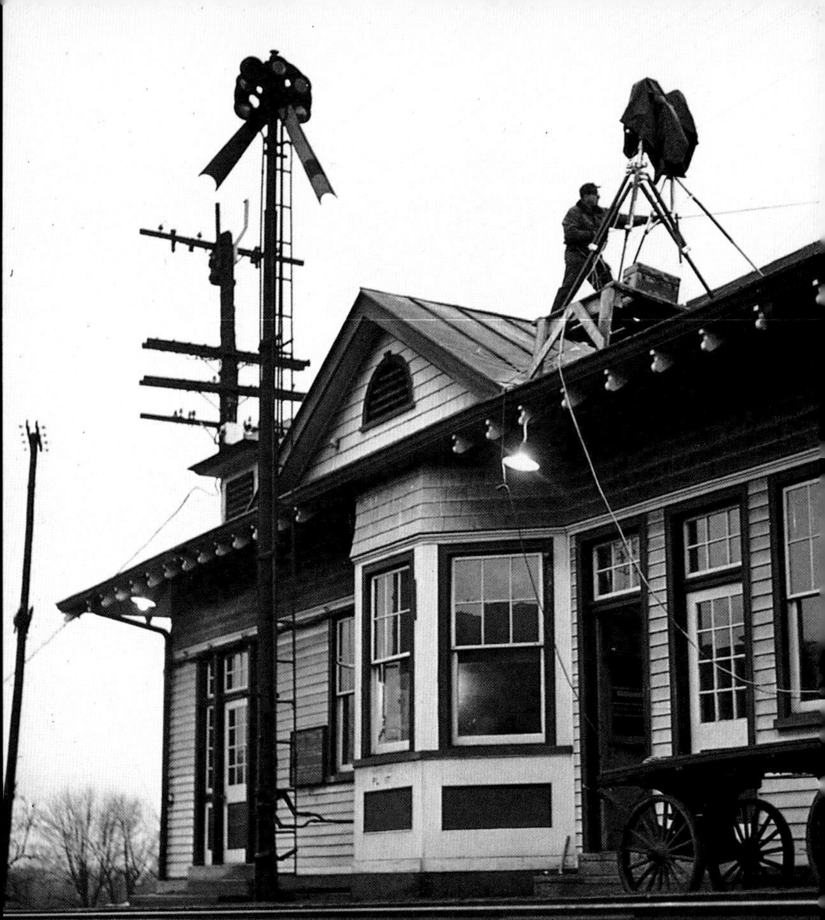

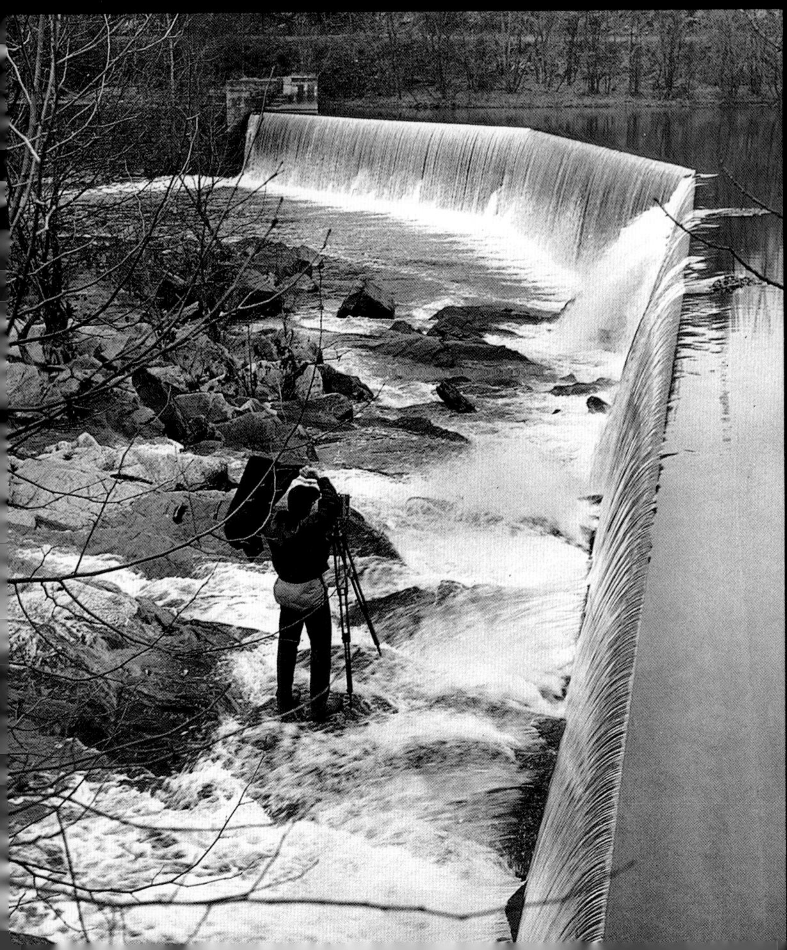

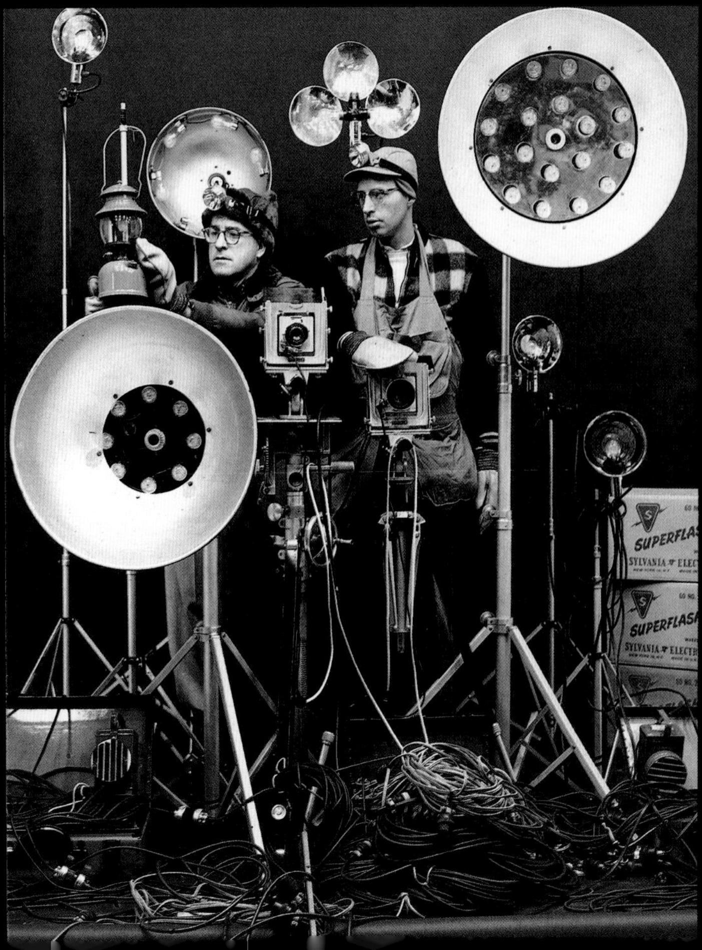

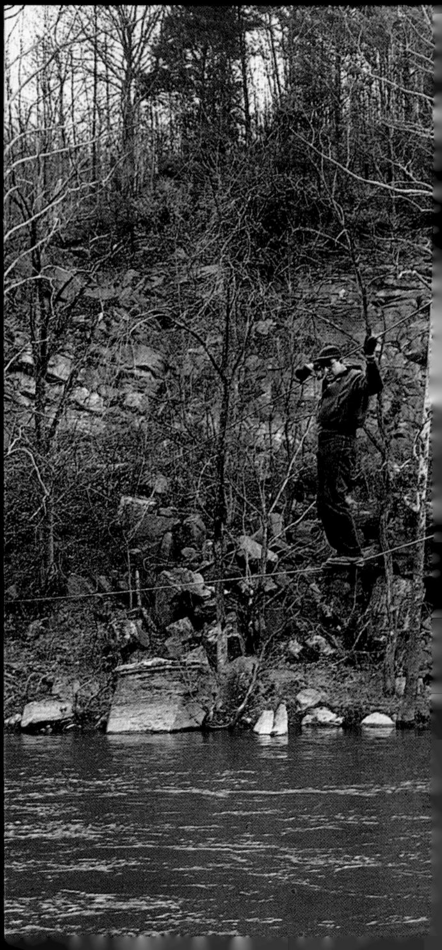

7
Nachwort: O. Winston Link und seine Arbeitsmethode

Ich arbeitete ein gutes Jahr, von Mitte 1957 bis zum Sommer 1958, für Winston Link. Ich studierte in New York und war für Winston ein Teilzeit-Assistent, der die Ausrüstung trug, Besorgungen machte und der in der Dunkelkammer die Abzüge anfertigte. In dieser Zeit habe ich ihn auf drei Reisen zur Norfolk and Western begleitet und während des Monats, den wir entlang der Strecke verbrachten, viel von ihm gelernt, denn er war ein guter Lehrmeister.

O. Winston Link war ein erfolgreicher Berufsfotograf der „alten Schule", der sich auf Industrie-Fotografie spezialisiert hatte. Er war außergewöhnlich anspruchsvoll, sowohl gegenüber sich selbst als Fotograf, als auch gegenüber seinen Kunden, da er immer freie Hand verlangte, um seine Ideen verwirklichen zu können. Er verlor jedoch dabei nie das eigentliche Ziel des Auftrages aus den Augen. Sein Fotostudio war klein. Winston beschäftigte nur einen oder manchmal zwei Teilzeit-Assistenten. Er hielt seine Betriebskosten niedrig, so daß er bei seinen Aufträgen flexibel bleiben konnte. Er nahm Aufträge an, die ihm zusagten, und lehnte andere ab. Das er-

Links: Im Verlauf der fünf Jahre, in denen sich Winston Link mit der Norfolk and Western Railway beschäftigte, machte er Tausende von Bildern. Jede einzelne Aufnahme erforderte sowohl unglaublich schwierige – und oft gefährliche – Vorbereitungen, als auch viele Stunden des Wartens. Diese Bilder zeigen einige der Schwierigkeiten, die Link bewältigen mußte, um seine Kameras und die Reihen von Blitzlampen so aufzustellen, daß sie genau im richtigen Augenblick auslösten, um das Schauspiel und den Zauber von „Dampf und Stahl unter den Sternen" festzuhalten. Die Aufnahme in der Mitte der unteren Reihe zeigt Link und einen Assistenten (George Thom) inmitten eines Teils der Ausrüstung, die sie mit sich führten.

laubte es ihm, sich Projekten zu widmen, die über seine Intelligenz und seine Fähigkeiten als erstklassiger Fotograf hinaus auch seine Begeisterung verlangten.

Das Norfolk and Western-Projekt war das größte, wenn auch nicht das einzige, dieser ihn gänzlich in Anspruch nehmenden, nicht auf Profit ausgerichteten Vorhaben, die er als Aufgabe aus Leidenschaft und Überzeugung auf sich nahm. Irgendwann dürften diese Fotos einer breiteren Öffentlichkeit zugänglich gemacht werden – genau so, wie viele der Aufnahmen, die er vor rund 30 Jahren bei der N&W gemacht hatte, hier erstmals gezeigt werden.

Man wußte immer genau, wann Winston wieder nach Virginia fahren wollte. Einige große Aufträge waren abgeschlossen, die Schecks eingegangen und verbucht und der Zeitpunkt der Abfahrt im Terminplan vermerkt. Wenn wir nur Tageslichtaufnahmen machten, konnte die gesamte Ausrüstung in seinem 1952er Buick Cabriolet untergebracht werden, das er komplett mit einer normalerweise nicht erhältlichen Knüppelschaltung und einem werksinternen Reparaturhandbuch des Herstellers gekauft hatte.

Er fuhr selten mit offenem Verdeck und öffnete es eigentlich nur zum bequemen Ein- und Ausladen seiner Ausrüstung – übrigens ein Hauptgrund dafür, daß er immer Cabriolets besaß (Kombiwagen waren ihm zu „auffällig"). Seine Ausrüstung auf diesen Fahrten bestand aus zwei oder drei 4x5-Kameras mit mehreren Objektiven unterschiedlicher Brennweite, einer Rolleiflex, die er mehr oder weniger zum Spaß mitnahm, und vielen Filmen, Kassetten und Stativen. Oft gehörten zur Ausrüstung außerdem einige transportable Behälter und Chemikalien, um die Filme gleich vor Ort entwickeln und die Ergebnisse überprüfen zu können.

Diese Ausrüstung füllte den Kofferraum und den durch die Herausnahme des Rücksitzes gewonnenen Platz. Wenn wir Nachtaufnahmen machen wollten, mußten wir einen Anhänger mitnehmen. Die Blitzausrüstung war über einen langen Zeitraum hinweg entwickelt worden und Winston, der die New Yorker Fotohändler (und ihre Ausflüchte) bestens kannte, hatte spezielle Reflektoren aus Aluminium anfertigen lassen, die bis zu 18 Blitzbirnen aufnehmen konnten. Diese Gerätschaften wurden in eigens dafür angefertigten Kästen aus grauen Hartfaserplatten sicher untergebracht.

Winston hatte seine ersten Aufnahmen von der Norfolk and Western vorwiegend tagsüber gemacht, doch er wollte ein Schauspiel und Mysterium einfangen, und das konnte nur nachts verwirklicht werden. Aufgrund seiner beruflichen Erfahrung entschied sich Winston für den Bau einer tragbaren, kompakten Ausrüstung, um damit großräumige Szenen augenblicklich ausleuchten und in ihrer Bewegung „einfrieren" zu können. Zunächst versuchte er, die Blitzanlage mit einer Fernsteuerung auszulösen. Diese Art der Bedienung erwies sich jedoch als unzuverlässig. Das endgültig von ihm verwendete Blitzsystem war vollständig verkabelt, so daß wir mehr als eine halbe Meile Kabel im Anhänger herumschleppten.

Winston war immer dann am glücklichsten, wenn wir sein Studio in der East 34th Street hinter uns gelassen hatten und auf dem Weg in den Süden waren. Wir fuhren, wenn möglich, an den immer zahlreicher werdenden, lizenzierten Motels vorbei, da sich Winston für die Relikte der Vergangenheit begeistern konnte: alte Bauwerke, alte Städte, alte Gegenstände. Er hatte eine Vorliebe für solide und ideenreich angefertigte Dinge, die im Gebrauch ausgereift waren. Und das in einer Zeit, in der Gegenstände und Bauwerke des 19. Jahrhunderts als Fehlschläge der viktorianischen Epoche angesehen wurden.

Während der Fahrt redete Winston über besondere Aufnahmen, die er zu machen hoffte, um unvermittelt ausgedehnte Vergleiche zwischen der Vergangenheit mit ihren guten Seiten – der Zuverlässigkeit der Produkte, dem Trachten nach schlichter Zerstreuung – und dem Wegwerfplunder und der Übersättigung mit Vergnügen in unseren Tagen anzustellen. Doch glücklicherweise setzte Winstons ausgeprägter Sinn für Humor seinen Schimpfkanonaden immer ein schnelles Ende.

Der hanebüchene Unsinn seiner unmöglichen „damals und jetzt"-Vergleiche kam ihm zum Bewußtsein, und er brach in sein brüllendes „Winston-Lachen" aus, halb Bellen, halb Maschinengewehrfeuer, an- und abschwellend und nicht mehr enden wollend – ein Lachen, mit dem er in einem vollbesetzten Restaurant nicht selten die Aufmerksamkeit auf sich lenkte.

Es gab zwei Gebiete, in denen die Vergangenheit bei ihm nicht obsiegte: seine Hochachtung vor der sich ständig verbessernden Fototechnik – und vor gutem Essen. Winston zögerte niemals, ein neues Teil für seine Ausrüstung zu kaufen, wenn er das Gefühl hatte, damit seine Ergebnisse noch verbessern zu können und so experimentierte er ständig mit den neuesten Filmen und Entwicklungsverfahren.

Er führte solche Versuche nie in Verbindung mit seinen Aufträgen durch. Gewonnene Erkenntnisse flossen jedoch schrittweise in seine berufliche Tätigkeit ein, sobald es Winston für erwiesen ansah, daß sie ihm deutliche Vorteile für seine Arbeit bringen würden. Was das Essen anging, so war es schwierig, in den kleinen Bergwerkstädten, in denen wir einen großen Teil unserer Zeit verbrachten, gut oder auch nur mittelmäßig zu speisen. Wir machten oft einen Umweg, um in Howard Johnsons Restaurant essen zu können, wo Winston mich mit einer seiner Spezialitäten bekannt machte: einem Eisbecher mit heißem Fondant und Pfefferminzstäbchen, den ich heute noch mit Vorliebe esse.

Wenn wir an unserem Ziel ankamen, ganz gleich, ob im Martha Washington Hotel in Abingdon oder in einem anderen der vielen Hotels oder Motels entlang der Strecke, Winston war bereits wohlbekannt, nicht nur deswegen, weil er schon einmal hier gewohnt hatte, sondern vor allem, weil seine Arbeit für die Menschen hier etwas so Außergewöhnliches war. In vielen der Kohlenstädte lagen die N&W-Gleise in engen Tälern und teilten sich den verfügbaren Platz mit dem Fluß und der Hauptstraße des Ortes (in der oftmals die Gleise verlegt waren), mit den Häusern und den Läden. So war die Eisenbahn für die Bevölkerung zur Selbstverständlichkeit geworden. Sie war lebensnotwendig, aber sie war auch aufdringlich, laut und schmutzig. Besucher aus größeren Städten waren in der Mitte der 50er Jahre in dieser Gegend selten, so daß die Ankunft des Mannes mit dem Buick Cabriolet, vollbeladen mit rätselhafter Ausrüstung, immer ein richtiges Spektakel war. Wenn Nachtaufnahmen gemacht werden sollten, stellte Winston immer eine kleine Gruppe aus Einheimischen zusammen, die ihm helfend zur Seite stand. Wenn es das Motiv erforderte, setzte er außerdem Leute aus dem Ort als Statisten ein. So bat er beispielsweise einige Einwohner, für eine Aufnahme im nahegelegenen Fluß schwimmen zu gehen und kräftig zu plantschen, während der Zug vorbeifuhr. Einmal lud er ein junges Paar ein, mit ihm ins Autokino zu fahren. Sie sollten dafür dort lediglich in seinem Cabriolet sitzen und ein bißchen schmusen, während eine Y6 vorbeidonnerte – übrigens eine seiner bemerkenswertesten Aufnahmen. Die Menschen reagierten auf Winstons Wünsche meist sehr aufgeschlossen – so verwirrt sie auch sein mochten, wenn er den Wunsch äußerte, ihre Kühe als Vordergrundmotiv abzulichten oder ihre Veranda oder ihr Wohnzimmer für ein paar Stunden in Beschlag zu nehmen, um sie zu fotografieren, wenn draußen ein Zug vorüberfuhr. Er war ganz einfach ein Ereignis – und es gab damals wenige Ereignisse in diesen kleinen Städten...

Winston Link plante seine Aufnahmen sehr gründlich. Für Tageslichtaufnahmen verwendete er in seinen 4x5-Kameras sowohl Farb- als auch Schwarzweiß-Filme, nachts wurde ausschließlich mit Schwarzweiß-Material gearbeitet. Es war durchaus denkbar, daß er bei einer seiner früheren Fahrten einen hervorragenden Fotostandpunkt bemerkt und sich bei dieser Gelegenheit einen kleinen Lageplan gemacht hatte, entweder in sein spezielles N&W-Notizbuch, das er bei solchen Ausflügen immer mit sich führte, oder in eines seiner zahlreichen anderen, durchnumerierten Notizbücher, die er über mehr als dreißig Jahre führte und aufbewahrte. In einem weiteren Notizbuch, das Winston speziell für Nachtaufnahmen angelegt hatte, berechnete er die Stärke und Reichweite seiner Lichtreflektoren, die mit verschiedenen Blitzlichtern ausgestattet waren. Sobald er an den Fotostandpunkt zurückgekehrt war, machte er genaue Messungen und entschied, wo er seine Blitzanlage aufstellen würde. Es bereitete oft weniger Probleme, große Flächen auszuleuchten; viel schwieriger war es, einzelne Details wie die Laterne eines Jungen oder ein Licht in einem Fenster mit Hilfe einzelner Blitzlichter optisch hervorzuheben.

Der wichtigste Apparat in Winstons Blitzsystem war die „red box", die Energiequelle, mit der die Blitzlichter und die Kameras durch einen einzigen, starken Stromimpuls synchron ausgelöst wurden. Er hatte dieses System selbst entwickelt, einen Vorläufer der mit Kondensatoren ausgerüsteten Blitzgeräte, die in jener Zeit gerade bekannt wurden.

Die „red box" sah aus wie ein kleiner, roter Schminkkoffer und enthielt drei voneinander unabhängige Akkus, die alle Blitzlampen – bis zu 60 an der Zahl – und die Magnetspulen versorgen konnten, die die drei Kameras auslösten. Das Aggregat war sehr leicht, in seinem Kasten abgefedert eingebaut und mit Schaltungen ausgestattet, die es ermöglichten, die Verbindungen der Blitzlichter zu überprüfen, um sicherzugehen, daß keine Unterbrechungen vorhanden waren. Nach dem Aufbau der Kameras waren Stromunterbrechungen ein ständiges Problem, weil die Kabel häufig über Straßen, Felder oder sogar Flüsse gezogen und um Gebäude herum- und durch Häuser hindurchgeführt wurden.

Der Aufbau bedeutete stets harte Arbeit. Die Blitzeinheiten wurden ungefähr am vorgesehenen Platz aufgestellt und angeschlossen. Von hier aus schlängelten sich die Kabel zur „red box", oft über lange Umwege verlegt, um Störungen zu vermeiden. Manchmal wurden sie erst in buchstäblich letzter Minute an die Energiequelle angeschlossen. Obwohl Winston schon monatelang zuvor genaue Vorstellungen von der anzufertigenden Aufnahme hatte, nahm er ständig kleine Verbesserungen vor. Einmal plante Winston eine Nachtaufnahme in der Innenstadt von Northfork, West Virginia, in der sich die Züge die enge Hauptstraße mit den Autos und den Fußgängern teilen mußten. Wir bauten bei Tageslicht alles auf, doch als Winston den Schauplatz überprüfte, stellte er fest, daß noch irgendetwas fehlte. Die schwarze Lokomotive mit ihren Wagen vor den dunklen Häusern benötigten einen Blickfang, einen hellen Punkt – ein Licht in einem Fenster. Ohne zu zögern, klopfte er an die Tür einer fremden Wohnung im dritten Stock und überraschte die verblüfften Bewohner mit seinem Wunsch, in ihrem Wohnzimmer ein Blitzlicht aufstellen zu dürfen, das in ein paar Stunden gezündet werden würde. Solche Bitten stießen selten auf Ablehnung, und so wurden in diesem Fall die Kabel für das Blitzlicht aus dem Zimmer, einen Korridor entlang, eine Außentreppe hinunter, über die Straße und schließlich noch über die Schienen verlegt. Sekunden nach der Aufnahme würden die Räder der Lokomotive die Leitung durchtrennen.

Winstons Gefühl für das perfekte Arrangement war so sicher, daß er in der Lage war, seine Fotos ohne die Hauptdarsteller – Lokomotive und Zug – vorzubereiten. Das Einstellen der richtigen Entfernung an der Kamera war freilich eine andere Sache, da tagsüber durchgeführte Einstellungen nicht ohne weiteres auf Nachtaufnahmen übertragbar sind. Während des Tages markierte er deshalb den Punkt, wo er die Lokomotive bei der Aufnahme haben wollte. Dort postierte er nach Einbruch der Dunkelheit eine elektrische Laterne, deren Glas er mit schwarzen Klebeband-Streifen teilweise abdeckte. Die somit verbliebenen Lichtstreifen erleichterten ihm sowohl das Einstellen der Entfernung als auch das Auslösen der Kameras im richtigen Moment.

Nachdem die Ausrüstung vollständig aufgebaut war, begann das ebenso langweilige wie ermüdende Warten auf den Zug. Die Personenzüge der N&W verkehrten immer sehr pünktlich, mit den Güterzügen war das eine ganz andere Geschichte. Am häufigsten fuhren auf dieser Strecke schwere Kohlezüge, deren Fahrzeiten nicht genau feststanden. Das Warten konnte nervenaufreibend sein. Wir verbrachten unsere Zeit damit, die Stromkreise zu überprüfen, Anwohner aus dem Blickfeld der Kamera fernzuhalten und gleichzeitig ihre Neugierde zu befriedigen, wie und vor allem *warum* solche Bilder gemacht wurden.

Die Antwort auf das „Warum" fiel oft leichter, wenn ihr die Bemerkung „der Fotograf stammt aus New York City" vorausgeschickt wurde. Für die Bewohner des Berglandes hatte New York etwas ganz und gar Verwirrendes und Rätselhaftes an sich. Sie konnten nur wenig damit anfangen und wußten nur, daß dort Menschen mit seltsamen Beschäftigungen lebten. Winston gewann jedoch ihr Vertrauen, obwohl sie sein ungewöhnliches Verhalten, die in Gestalt von Lokomotiven in ihre Täler eingedrungenen Störenfriede zu fotografieren, nicht verstanden. Es war offensichtlich, daß er nicht nur an seiner Arbeit interessiert war, sondern auch an den außergewöhnlichen Eigenarten dieser Leute und ihrer Städte. Winston liebte sie als Individuen, als Überlebende einer harten Lebensweise, findig, schrullig, voller Geschichten. Sie erzählten gern, und Winston hörte mit Vergnügen zu.

Läßt man seine New Yorker Herkunft einmal außer acht, paßte Winston gut zu diesen Leuten. Er mochte ihren Dialekt, und es war ein wundervoller Gegensatz, wenn auf seinen harten Brooklyn-Akzent eine sanft klingende Bergstimme folgte. Ich erinnere mich daran, wie er einmal mit einem jungen Mann zusammenarbeitete, der bei einer Nachtaufnahme half. Der Mann verlegte Kabel, und da er das Wort „connections" offenbar nicht mochte, verkürzte er es sofort in „neckshuns". Seitdem sind es für Winston Link „neckshuns" geblieben.

Endlich hörten wir nach, wie es uns vorkam, stundenlangem Warten den noch schwachen Moll-Ton der Pfeife einer A oder Y6, der aus der Entfernung melancholisch und sanft und doch mit scheinbar unvergänglicher Kraft durch das Tal hallte. Dann war sie da. Als der Frontscheinwerfer der Lokomotive die Finsternis entlang der Strecke durchbrach, wurden die letzten Verbindungen geschlossen, die als Statisten vorgesehenen Einheimischen gebeten, die vorgesehenen Plätze einzunehmen und Passanten aufgefordert, aus dem Bild zu gehen. Das Crescendo, das Licht, die unglaubliche, körperlich spürbare Gewalt von tausend Tonnen Stahl, die sich langsam auf uns zu bewegten, waren für mich ein unvergleichliches Erlebnis. Etwa auf den letzten 200 Yards stieg der Lärm unvorstellbar an und doch glaubte man, aus dieser Kakophonie die Seele einer

Dampflokomotive herauszuhören: Das schnelle Zischen und Surren des Generators, der die Lok mit elektrischer Energie für die Beleuchtung versorgt, das Klirren der Kurbelstangen, die sich um die Kurbelzapfen der Treibräder drehen, das schrille Heulen der dampfangetriebenen Förderschnecke, die die Kohle in die Feuerbüchse schafft, das rauhe Gurgeln der Speisepumpe und das dumpfe Grollen der großen Räder auf den Schienen. Dann der Blitz: Das gleißende Licht war beinahe ebenso faszinierend, wenngleich geräuschlos. Wir waren wie gelähmt. Die Zeit schien still zu stehen.

Es gab eine Aufnahme, an die ich mich besonders erinnere, eine kleine Brücke an den Hängen des Blue Ridge, westlich des Gipfels. Wenn man gen Westen in Richtung Roanoke nach unten schaute, konnte man in einiger Entfernung die Gleise sehen, die in sanften Kurven erst nach Süden und dann Richtung Norden führten, um dann hinter einem Hügel zu verschwinden. Sie zogen sich am Rande eines kleinen Tales entlang, das nach Süden hin abfiel. Ich erinnere mich daran, daß ich, als wir dort eines Abends in der Dämmerung warteten, darüber nachdachte, was denn wohl der eigentliche Sinn und Zweck unserer Arbeit hier war. Ich verglich Winston und mich mit Zoologen oder Anthropologen, die systematisch Unterlagen über vom Aussterben bedrohte Tiergattungen oder Ureinwohner zusammentragen, deren Welt und deren Lebensgewohnheiten durch die Berührung mit der „Zivilisation" so tiefgreifende Veränderungen erleiden mußten, daß sie ohne Gnadenfrist zum Untergang verurteilt waren. Was wir auf diesem Gebiet festhielten, würde *das* Dokument schlechthin sein. Wie gleichgültig die Gesellschaft unserer Arbeit derzeit auch gegenüberstehen mochte, ich wußte, daß dem, was Winston so wohlüberlegt und in ausdrucksstarken Bildern festgehalten hat, eines Tages Interesse und Hochachtung entgegengebracht werden würde.

Dann hörten wir den Zug. Zuerst sahen wir nur den Rauch, der hinter dem Berg aufstieg und sich über das Tal legte. Augenblicke später sahen wir das Licht des Frontscheinwerfers in der Dunkelheit. Und mehr als es zu hören war, spürten wir die sich langsam steigernde Kraft zweier riesiger Lokomotiven, von denen man beim Zuhören des bei ihrer Schwerarbeit verursachten Lärms meinte, sie lebten tatsächlich, während sie im Schrittempo 13.000 t Kohle und Stahl über den Berg zogen.

Jene Momente des Wartens machten uns empfindsam für jede Nuance dieser Orte, nicht nur für den Lärm und den Anblick der bald verschwindenden Dampflokomotiven, sondern auch für die Schönheit der uns umgebenden urwüchsigen Landschaft und für die robusten, aufrichtigen, aufgeschlossenen und ehrlichen Menschen, die hier lebten. Ich wußte, daß die Zeit der Dampflokomotiven, die wir im Bild festgehalten hatten, unwiderruflich vorbei war; ich konnte mir damals aber nicht vorstellen, daß 30 Jahre die Städte und ihre Menschen völlig verändern würden. In meinem Gedächtnis waren sie auf eine ganz bestimmte Weise zu einer festen Größe geworden.

Und ebenfalls 30 Jahre hat es gedauert, um die volle Bedeutung von Winston Links Arbeit zu erkennen. Das einzige Ziel seines Projekts, so hatte ich gedacht, sei die romantische Dokumentation des ausklingenden Zeitalters der Dampflokomotiven gewesen. Inzwischen steht jedoch fest, daß sein Werk eine darüber weit hinausgehende Bedeutung besitzt. Was Winston uns erhalten hat, erscheint uns heute als eine wundervolle und vielfältige Charakterskizze des individuellen Lebens in amerikanischen Kleinstädten – eines Lebens, das es so kaum noch gibt.

Thomas H. Garver
Madison, Wisconsin